Reinhard Abeln
In der Familie religiös erziehen – *aber wie?*

Zu diesem Buch

Erzieher, Religionspädagogen, Lehrer – und auch Eltern werden in unterschiedlichen Situationen immer wieder von ratsuchenden Müttern und Vätern nach Wegen religiöser Erziehung gefragt.
Dieses Buch macht den Versuch, Argumente, Thesen und Hilfen für religionspädagogische Elternberatung zur Hand zu geben. Im Blickpunkt der Ausführungen stehen Kleinstkinder, Kindergartenkinder und Kinder im Schulalter (bis ca. 16 Jahre). Für den richtigen religiösen Umgang mit ihnen werden hier – aufgrund psychologischer und religionspädagogischer Erkenntnisse sowie praktischer Erfahrungen – viele konkrete Anregungen gegeben.
Die angesprochenen Problemkreise reichen von der Vermittlung einer richtigen Gottesvorstellung über die sinnvolle Feier christlicher Feste bis hin zu Fragen des heutigen Religionsunterrichts. Der Verfasser ist bemüht, die Vermittlung abstrakten Wissens auf das Allernötigste zu beschränken und überwiegend praktische Hilfestellungen anzubieten.

Dr. phil. Reinhard Abeln – geb. 1938 in Osnabrück, verheiratet, zwei Kinder – studierte nach der ersten Lehramtsprüfung Philosophie, Psychologie, Pädagogik und Anthropologie. Seit 1970 arbeitet er als Journalist in der Kirchenpresse und als Referent in der Erwachsenenbildung. Bekannt wurde er durch zahlreiche Veröffentlichungen über Erziehungs- und Ehefragen.

Reinhard Abeln

In der Familie religiös erziehen – *aber wie?*

Argumente
Thesen
Hilfen
für religionspädagogische Elternberatung

VERLAG LUDWIG AUER DONAUWÖRTH

Eine Schriftenreihe für die sozialpädagogische Praxis
Herausgegeben von Anne Maria Hagenbusch

Bereits erschienen:

Nora Berzheim
Kinder gestalten Feste mit Musik und Bewegung

Nora Berzheim
Kinder gestalten mit Sprache, Gestik, Musik und Tanz

Gerhard Burkhart
Frühkindliche Erziehung – Erziehung vor der Schule

Heinz Friese
Massenmedien in Familie und Kindergarten

Erna Woll
Gott, wir freuen uns
Mit Kindern singen und musizieren im Alltag und beim Fest

Elisabeth Becker/Anne Maria Hagenbusch/Maximilian Weber
Der Hort zwischen Familie, Schule und Freizeitraum

Peter Köck
Praxis der Beobachtung in Kindergarten, Hort, Heim, Schule

Bildnachweis

Bavaria-Verlag, Gauting Titelfoto
Adveniat, Essen S. 68
cpr-Foto, Regensburg S. 18
Foto-present, Essen S. 74, 90
M. Jeiter, Aachen S. 34
KNA-Bild, Frankfurt S. 12, 22, 26, 62, 78, 82
Meinrad Lehmann, Waldbronn S. 46
Werner H. Müller, Stuttgart S. 52
Presse-Bild-Poss, Siegsdorf S. 8
Missio, München S. 38
Karl-Otto Rentmeister, Neuhausen S. 56
Foto-Zwicker, Würzburg S. 42

1. Auflage. 1983

Gesamtherstellung: Druckerei Ludwig Auer, Donauwörth
ISBN 3-403-0**1425**-8

Inhalt

Einführung

„Zur Familie gibt es keine Alternative.“ Auf diesen fundamentalen Sachverhalt hat einmal Bischof Dr. Georg Moser, Rottenburg-Stuttgart, in einer Ansprache vor Kirchengemeinderäten hingewiesen. Es lohnt sich, über einen solchen Satz immer und immer wieder nachzudenken. Das gilt besonders für unsere Zeit, in der sehr häufig versucht wird, den Sinn und die Bedeutung der Familie in Frage zu stellen oder die Familie sogar gegen andere Lebensformen auszutauschen.

Führende Pädagogen weisen mit Recht darauf hin, daß eine gute Familie die beste Erziehungsgemeinschaft ist, die es überhaupt gibt. Von einer guten Familie geht eine erzieherische und persönlichkeitsbildende Kraft aus, die ohne ihresgleichen ist.

Dies ist besonders für die heutige Zeit von großer Wichtigkeit. Denn in der modernen Gesellschaft herrscht eine solch verwirrende Vielfalt und Widersprüchlichkeit der weltanschaulichen und religiösen Auffassungen vor, daß sich Kinder und Jugendliche nur schwer aus eigener Kraft in diesem Wirrwarr zurechtfinden können.

Hier haben Eltern heute eine große Aufgabe. Sie müssen ihren Kindern durch eine gute Erziehung helfen, daß diese sich auf die Aufgaben des Lebens vorbereiten können. Diese Erziehung setzt Liebe, Zuneigung, Güte, Vertrauen, Verständnis und Sicherheit voraus.

Aber auch in religiöser Hinsicht ist die Familie unersetzbar. Die Familie ist nicht nur eine Erziehungs-, sondern auch eine Glaubensgemeinschaft. Der griechische Kirchenvater Johannes Chrysostomus hat schon gegen Ende des vierten Jahrhunderts die christliche Familie als die „kleine Kirche“ gerühmt. Das heißt: Den Eltern obliegt die große und zugleich beglückende Aufgabe, ihre Kinder in die christliche Botschaft einzuführen und sie in die sakramentalen Geheimnisse einzuweihen – und zwar von klein auf. Für die meisten Menschen werden ja die religiösen und sittlichen Grundlagen für das ganze Leben in den ersten Lebensjahren gelegt.

Vater und Mutter sind also auch hier ohne ihresgleichen, auch wenn sich leider viele Eltern ihrer Verantwortung und Sendung nicht mehr recht bewußt sind. Mit Recht sagt Bischof Moser: „Ehe und Familie als erste Lebens-, Erziehungs- und Glaubensgemeinschaft bleiben das ‚erste Seminar‘ für die nächste Generation.“

Die vorliegende Schrift macht den Versuch, Eltern bei der religiösen Erziehung ihrer Kinder etwas behilflich zu sein. Sie möchte Vätern und Müttern,

aber auch denen, die berufsmäßig mit Kindern zu tun haben, einige Anregungen für eine gute religiöse Erziehung geben. Sie will – an Hand einiger ausgewählter Probleme – ein wenig Orientierung und Hilfe anbieten.
Im Mittelpunkt der Ausführungen stehen Kleinkinder, Kindergartenkinder und Kinder im Grundschulalter. Aber auch von älteren Kindern ist in dieser Schrift immer wieder die Rede. Für den richtigen religiösen Umgang mit ihnen sollen hier – aufgrund psychologischer und religionspädagogischer Erkenntnisse sowie praktischer Erfahrungen – entsprechende Verhaltensweisen vorgeschlagen werden.
Das letzte Kapitel wendet sich an die Berufserzieher, und hier in erster Linie an die Religionslehrerinnen und Religionslehrer. Es wird gezeigt, daß die Anforderungen, die der Religionsunterricht heute an den Lehrer stellt, vielfach anders und in vielen Fällen auch schwieriger sind als in früheren Zeiten. Zwei Erkenntnisse sind dabei von besonderer Wichtigkeit:
Einmal können auch der qualifizierteste Religionslehrer und der beste Religionsunterricht nicht religiöse Erfahrungen innerhalb der Familie und der Pfarrgemeinde ersetzen. Zum anderen bedarf der Religionslehrer der wirksamen Unterstützung durch Eltern und Pfarrgemeinde, so wie der Religionslehrer seinerseits Kontakte zu diesen pflegen muß.

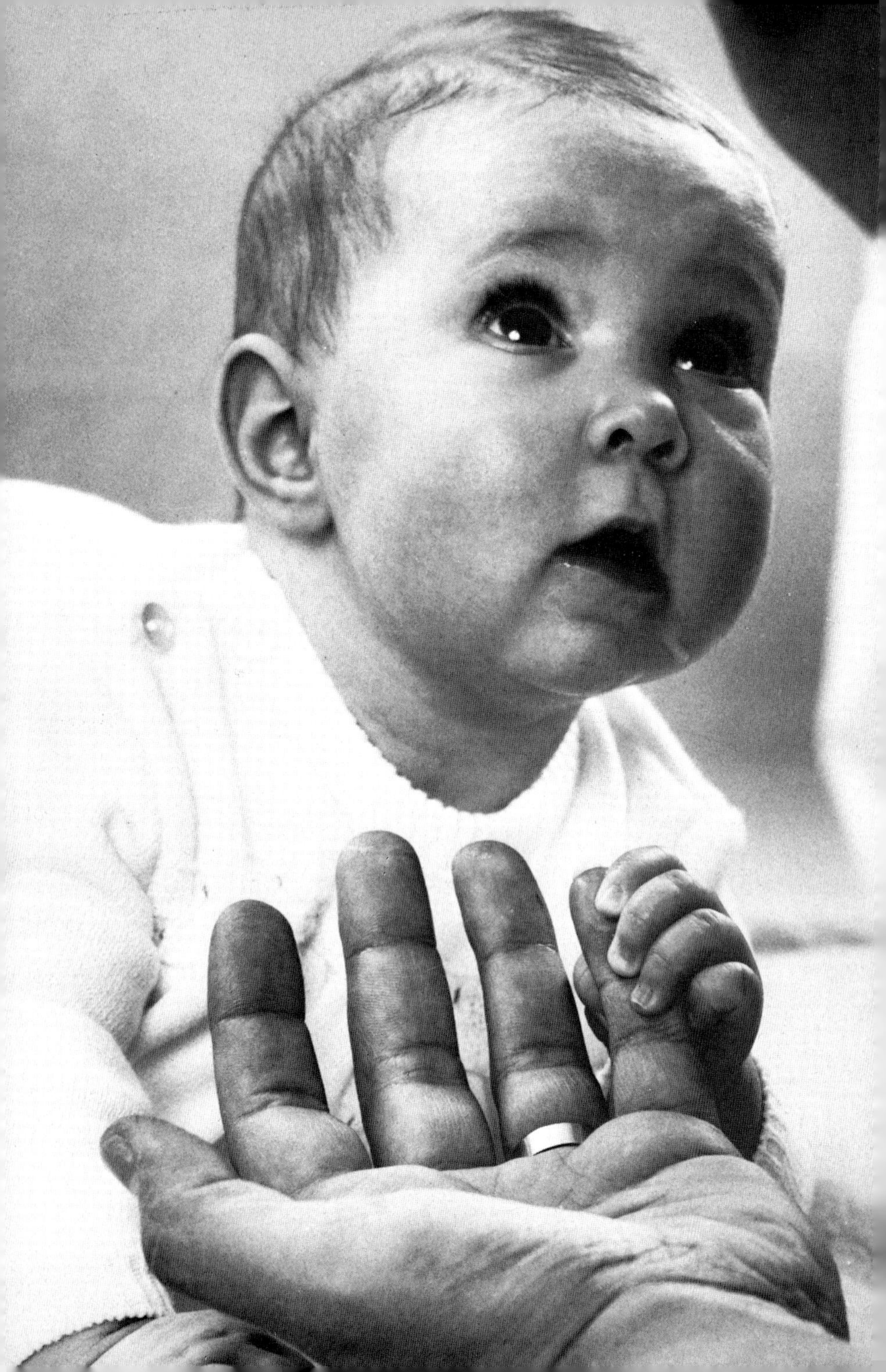

1 Erste Erfahrungen mit Gott

Geborgenheit und Liebe im Elternhaus entscheiden über den religiösen Lebensweg eines Kindes

Mit der Geburt eines Kindes ändert sich das Leben eines Ehepaares in vielen Beziehungen. Bislang waren Mann und Frau allein aufeinander bezogen. Jetzt wird dieser Kreis aufgesprengt, und das gemeinsame Augenmerk richtet sich auf das Neugeborene.

Das kleine Kind liegt als Gabe und Aufgabe vor seinen Eltern. Es muß erzogen werden. Es soll ganz langsam und verantwortungsvoll auf das spätere Leben vorbereitet werden. Ob dies gut gelingen wird?

Auch religiös soll das Kind erzogen werden. Doch davor scheuen leider heute viele Eltern zurück. Ihnen wird oft gerade in dem Augenblick, da sie ein Kind haben und dieses erziehen müssen, voll bewußt, daß sie selber in Fragen des Glaubens unsicher geworden sind.

Religiöse Erziehung beginnt am ersten Lebenstag

Viele junge Mütter und Väter fühlen sich heute einfach überfordert, ihr kleines Kind religiös zu erziehen. Sie wehren deshalb ab und wollen die religiöse Erziehung auf später verschieben, d. h. den Lehrern und Seelsorgern überlassen.

Doch das ist unsinnig. Die religiöse Erziehung beginnt nicht irgendwann im Leben eines Kindes. Sie fängt am ersten Lebenstag des Kindes an. Und deswegen ist es zunächst und zuerst Aufgabe der Eltern, den Glauben in ihrem Kind von Anfang an grundzulegen.

Man kann die religiöse Erziehung nicht einfach von der allgemeinen Erziehung trennen. Das ist unmöglich. Die religiöse Erziehung ist vielmehr ein integrierender Bestandteil der Gesamterziehung des Kindes.

Das heißt: Mit all den anderen Lebenserfahrungen muß das kleine Kind auch Erfahrungen mit Gott machen. Noch ehe das Kind denken und reden kann, werden ihm seine Eltern eine erste Vorstellung von Gott vermitteln können.

Vater und Mutter prägen die Einstellung des Kindes

Aber wie ist das möglich? So wird sich jetzt vielleicht das eine oder andere Elternpaar fragen. Wie kann man einem kleinen Kind, das noch nichts anderes kennt als seine nächste Umwelt – also Vater und Mutter –, eine Vorstellung von dem geben, was Gott ist?
Ganz einfach: Das Kind bekommt eine erste Vorstellung von Gott durch das Verhalten seiner Eltern! Je größer zum Beispiel das Maß an Verständnis und Güte ist, das dem Kind von Mutter und Vater entgegengebracht wird, um so leichter und selbstverständlicher wird es ihm später sein, an Gottes Liebe zu glauben und sich ihm vorbehaltlos anzuvertrauen.
Seine erste Vorstellung von Gott empfängt also das Kleinkind nicht über den Weg des Verstandes, sondern durch seelische Eindrücke. Das Verhalten der Eltern, aber auch anderer Pflegepersonen, gegenüber dem Kind formt ganz wesentlich dessen innere Einstellung zu Gott.
In diesem Sinne hat einmal ein bedeutender Religionspädagoge den Satz geschrieben: „Die von den Eltern erfahrene Liebe ist die Basis, aus der die Liebe des Kindes zu Gott erwächst." Wie wichtig ist es daher, daß Kinder von ihren Eltern das Geschenk der Liebe erfahren dürfen!

Alles hängt von einem guten Fundament ab

Religiöse Erziehung beginnt also nach dem Gesagten nicht damit, daß dem kleinen Kind religiöse Kenntnisse beigebracht werden oder daß das Kind zu bestimmten religiösen Akten angehalten wird. Sie beginnt viel früher. Sie beginnt mit der Erfahrung von Liebe, Sicherheit und Geborgenheit im ersten Lebensabschnitt.
Dann ist das Fundament gelegt, auf dem aufgebaut werden kann. Wenn ein Kind erfahren hat, daß es auf die Liebe seiner Eltern bauen kann – gleich, was es angestellt hat, dann ist es nicht schwer, ihm, wenn es älter wird, das Wesen der alles verstehenden, alles umgreifenden und alles verzeihenden Liebe Gottes verständlich zu machen.
Oder: Wenn ein Kleinkind – unabhängig von seinen „Verdiensten" – immer wieder die Güte seiner Eltern erfahren hat, dann ist es später ganz einfach, ihm zu erklären, daß Gott noch viel gütiger ist als Vater und Mutter, daß alles Gute

von Gott kommt, daß Gott auch aus dem Bösen noch Gutes machen kann, weil er *der* Gute ist.
Alles hängt also vom Fundament ab. Je mehr sich ein kleiner Mensch in der elterlichen Obhut geborgen weiß, um so weniger Schwierigkeiten wird er in späteren Jahren haben, Gott zu verstehen und sich ihm ganz anzuvertrauen.

Echte Eltern lieben ihre Kinder ohne Vorbehalt

Echte Eltern lieben ihre Kinder mit all ihren Schwächen und Fehlern – so, wie sie nun einmal sind. Ihre Liebe ist ein Geschenk, dessen die Kinder auch dann gewiß sein dürfen, wenn sie glauben, durch ihr Verhalten keinerlei Anspruch mehr auf diese Gabe erheben zu können.
Gute Eltern lassen ihr kleines Kind alle nur denkbaren Wohltaten erfahren: Sie sorgen für seine leiblichen Bedürfnisse; sie trösten es in seinem Kummer; sie helfen ihm, wenn es krank ist, und sie versuchen, ihm Freude zu machen, sooft es nur geht.
Damit ist das Wichtigste getan, was Eltern für ihr Kind vom ersten Tag seines Lebens an tun können. Das Kind erfährt im Handeln und Sprechen seiner Eltern, was Gott ist: Liebe, Güte, Freude, Schutz, Treue, Sicherheit, Geborgenheit.
Auf diesem Grundbewußtsein kann dann in der weiteren religiösen Erziehung aufgebaut werden.

2 Worauf es am meisten ankommt

Zur religiösen Erziehung gehört wesentlich die Anleitung zum Beten

Die Welt, so wie wir Erwachsenen sie geplant und gebaut haben, ist keine kinderfreundliche Welt. Immer wieder sind wir in Gefahr, das Beste, das wir besitzen, nämlich unsere Kinder, zu vernachlässigen und zu vergessen. Davon erzählt auch eine alte Sage:
Eine arme Frau will eines Morgens mit ihrem Kind zur Kirche gehen. Es ist der einzige und größte Schatz, den sie besitzt. Der Kirchweg führt die beiden – Mutter und Kind – über einen Berg. Zu ihrem Erstaunen stellt die Frau fest, daß der Berg sich an diesem Morgen geöffnet hat.
Ein großer Felsspalt gibt den Blick ins Innere des Berges frei. Da drinnen glitzert und funkelt alles von Geld, Silber und Edelsteinen. Die Frau sagt sich: Wenn ich nur ein weniges von diesen Schätzen mitnehme, dann ist meine Armut zu Ende, dann bin ich von aller Not befreit. So tritt sie zusammen mit ihrem Kind in das Innere des Berges. Und eine Stimme sagt ihr, daß sie suchen und mitnehmen darf, was immer ihr Herz begehrt. Nur wird ihr eine genau bemessene Frist gesetzt.
Zunächst rafft die Frau das Gold zusammen, das in ihrer Nähe liegt. Dann aber meint sie etwas Besseres gefunden zu haben. Sie wirft die gesammelten Schätze weg und greift nach neuen. Und immer wieder sieht sie noch Wertvolleres und noch Prächtigeres, immer wieder wirft sie fort, was sie in Händen hat, um nach anderen Dingen zu greifen.
Da mahnt die Stimme: „Vergiß das Beste nicht!“ Was bedeutet das? Sollte es noch etwas Besseres geben? Sollte sie das Beste gar übersehen haben? So sucht die Frau weiter und findet tatsächlich immer noch Schöneres und noch Wertvolleres. Und wieder hört sie die Stimme: „Die Zeit ist um – vergiß das Beste nicht!“

Schnell verläßt die Frau den Berg, der sich mit lautem Getöse hinter ihr schließt. Die Schürze mit kostbaren Schätzen angefüllt, steht sie vor dem Berg. Da wird ihr plötzlich bewußt: das Kind, mein Kind! Sie hat es vergessen. Ihr Kind ist im Berg zurückgeblieben. Ihr Bestes hat sie für immer verloren.
In dieser erschütternden Sage spiegelt sich ein Stück unserer heutigen Welterfahrung wider. Wir machen uns so viel Sorge um technischen Fortschritt, um unseren Lebensstandard, um Lebensqualität – wie man heute sagt. Wir stellen riesige Programme auf zur Bewältigung unserer Welt und zur Friedenssicherung und müssen dennoch gestehen: Wir haben darüber das Beste, die Kinder, in unserer modernen Welt fast vergessen.
Unsere Gesellschaft, die moderne Welt, wir alle sind jene arme und beklagenswerte Frau, die ihr Kind im Berg zurückläßt und vergißt. Man mag dieses Bild ein wenig zu dramatisch oder gar theatralisch finden. Daß es jedoch nicht übertrieben ist, können ganz harte Tatsachen belegen. Wohl zu keiner Zeit gab es so viele Beispiele von Kindernöten, Kinderleid, Kinderarbeit, Kinderverkümmerung, Kinderängsten oder Kindermißhandlungen wie gerade heute.

„Das Kind soll sich einmal selbst entscheiden"

Hier soll einmal von den Kindern die Rede sein, die von ihren Eltern religiös vernachlässigt werden. Da gibt es zum Beispiel eine junge Familie. Nennen wir sie einfach Meyer. Sie ist 25, er 30. Beide haben ein kleines Kind, aber sie wollen es nicht taufen lassen und nicht religiös erziehen. „Das Kind", so sagte Frau Meyer in einem Gespräch, „soll frei bleiben; es soll sich selbst entscheiden. Mein Mann und ich wollen ihm keine Vorschriften machen. Wir selber haben unter unserer Religion gelitten und leiden heute noch darunter."
Und Herr Meyer ergänzte die Aussage seiner Frau: „Ich frage mich heute, was hat uns eigentlich die Religion gegeben? Immer nur Vorschriften. Wir haben mehr Ärger und Verdruß als Freude daran. Und das möchten wir unseren Kindern ersparen. Sollen doch die jungen Menschen, wenn sie mündig geworden sind, selbst entscheiden, wem und was sie glauben wollen!"
Dieses Gespräch ist kein Einzelfall. Unterstellen wir einmal, Frau und Herr Meyer glaubten wirklich, daß es mit 14 oder 15 Jahren leichter sei, sich für eine Konfession zu entscheiden oder ein Urteil darüber zu fällen, ob man sein Leben religiös gestalten soll oder nicht – so übersehen beide Ehepartner doch eine ganze Menge.
Keine Erziehung kommt im Kindesalter ohne elterliche Einflußnahme aus. So wählen Eltern nicht nur das Lebensnotwendige für die noch unmündigen Kinder aus, sie treffen auch die Wahl für die Ausbildung und Schule des Kindes. Sie wählen für ihren Sohn oder ihre Tochter den Arzt. Sie bestimmen

darüber, mit wem das Kind Umgang haben soll oder nicht. Sie wachen ausdrücklich darüber, wie es seine Freizeit verbringt.
Kurzum: Alles, was Vater und Mutter tun, geschieht aus elterlicher Verantwortung für das Kind, das wegen mangelnder Einsicht noch nicht zu erkennen vermag, was wertvoll und gut ist und was nicht.
Das gilt auch für den religiösen Bereich. Selbstverständlich kommt es dabei zunächst auf die religiöse Einstellung der Eltern an. Wer von Religion nichts hält, wird auch Religion nicht weitergeben können. Wer jedoch den Wert und die Bedeutung der Religion für das menschliche Leben erkennt, kann und darf dem Kind den Zugang dazu nicht verwehren. Er muß hier für das Kind entscheiden. Bleibt aber dieser seelische Raum leer, ist er offen für andere Einflüsse.

Vieles hängt vom Beten ab

Religiöse Erziehung hat ihren guten Sinn, und man kann – wie bereits das 1. Kapitel betont hat – nicht früh genug mit ihr beginnen. Die Frage ist nur, worauf es dabei am meisten ankommt. Ist es das Gespräch über Glaubensfragen? Ist es der Gang zur Kirche, zum Sonntagsgottesdienst? Ist es die Vorbereitung auf die Sakramente? Ist es ein vorbildliches Leben der Eltern?
Alles ist wichtig! Nur eines fehlt in dieser Aufzählung noch: das Gebet! Ein älterer und erfahrener Geistlicher sagte einmal vor einem Kreis von Müttern und Vätern:
„Das Wichtigste bei der religiösen Erziehung ist die Anleitung zum Beten, vor allem zu einem guten Abendgebet. Vergeßt das Abendgebet nicht, das ist meine häufigste Mahnung an meine Schüler im Religionsunterricht. Ich ruhe nicht, bis auch der letzte Schüler dies kapiert hat."
Die Eltern horchten auf. Was dieser Mann sagte, kam ihnen seltsam vor. Seit wann gehörte denn das Abendgebet zum Wesen des Glaubens? Und dann fuhr der Geistliche weiter fort:
„Wissen Sie, liebe Eltern, alles liegt an einem guten Abendgebet. Ich erfahre es jeden Tag neu. Ehe ich mich abends zur Ruhe begebe, stelle ich Gott noch einmal alle Ereignisse des Tages vor. Die guten und die bösen, die erfreulichen und die enttäuschenden. Ich danke Gott für das Gute, das ich empfangen durfte. Ich bitte um Verzeihung für alles, was ich im Verlauf des Tages falsch machte: für jedes harte Wort, für jede Ungeduld, für jede Unbeherrschtheit. Ich bitte darum, daß es am kommenden Tag ein wenig besser geht."
Aus den Worten dieses erfahrenen Seelsorgers konnten die Eltern unschwer den hohen Wert des Abendgebets für sich und ihre Familie ablesen. Und in der Tat: Es ist gut, wenn Eltern am Abend mit ihren Kindern beten und sie nicht

einfach „marsch, marsch" ins Bett schicken! Kaum eine Zeit des Tages verbindet die Seele des Kindes mit derjenigen der Eltern so stark wie die Zeit vor dem Einschlafen! (Vgl. auch das 14. Kapitel: „Bevor ich mich zur Ruh' begeb'"!)

Die Kinder sollten am Ende eines Tages spüren, daß sie ebenso wie ihre Eltern Gott gehören und daß sie ihn brauchen. Sie sollten erfahren, daß Gott sie liebt, daß er auf sie schaut und daß er Anteil nimmt an ihren Freuden und an ihrem Leid. Sie sollten wissen, daß wir alle – ob klein oder groß, ob jung oder alt – schwache Menschen sind und deswegen stets der Verzeihung Gottes bedürfen.

So angeleitet werden die Kinder eines Tages imstande sein, selbständig und von sich aus mit Gott zu sprechen, d. h. ihm zu danken und ihn um Verzeihung zu bitten. Ein zehnjähriger Junge tat dies in seinem Abendgebet einmal so: „Lieber Gott, es war heute ein schöner Tag. Ich danke dir dafür. Vergib mir, wenn ich heute (der Eva, der Mami . . .) wehgetan habe! Es tut mir leid. Vergib mir, wenn ich (im Kindergarten, in der Schule . . .) frech gewesen bin! Es kam einfach so aus mir heraus. Vergib mir, wenn ich sonst noch etwas verkehrt gemacht habe! Ich will es morgen besser machen. Danke, daß ich dir alles sagen darf, lieber Gott! Amen."

Wenn die Kinder keine Kinder mehr sind

Eine abschließende Frage: Aber was ist, wenn die Kinder keine Kinder mehr sind, wenn sie eines Tages nicht mehr beten wollen oder wenn sie gar – zum Gram ihrer Eltern – aus der Kirche austreten? Auch hier soll wieder ein Beispiel für viele stehen:

„Stellen Sie sich vor, meine Tochter ist aus der Kirche ausgetreten", sagte mir einmal eine Mutter. Und sie schaute mich dabei hilflos und unglücklich an. „Ich hörte das erst von anderen Leuten", fuhr sie fort, „denn mir persönlich wagte sie es nicht zu sagen. Dabei habe ich sie doch im Glauben erzogen. Und sie war auch eine gute, hilfsbereite Christin. Sie war lange in der Jugendarbeit tätig."

„Was soll ich tun?" fragte die Mutter, der es sichtbar schwer war, daß ihr Kind sich von dem entfernte, was für sie der Mittelpunkt ihres Lebens ist. Ja, was soll sie tun? Sie kann beten. Und ich meine, das ist viel, sehr viel sogar. Ich erzählte der Frau von jenem berühmtem Bischof, den schon vor langer Zeit eine verzweifelte Mutter fragte: „Was soll ich bloß tun – ich kann mit meinem Sohn nicht mehr über Gott sprechen?" Und der Bischof entgegnete ihr in aller Ruhe: „Liebe Frau, sprich du nur mit Gott über deinen Sohn, das führt euch genauso weit – und das kann dir keiner nehmen."

Ich meine, so lange es noch Mütter und Väter gibt, die ihre Kinder das Beten lehren und dazu anhalten, die vor allem auch selbst immer wieder im Gebet ihre Kinder Gott ans Herz legen, besteht Hoffnung. Sicher ist ein neues und tiefes Bewußtsein vom Gebet in der Familie ein wesentlicher Beitrag verantwortungsbewußter Eltern zur religiösen Erziehung ihrer Kinder.
Der liebenswürdige Papst Johannes XXIII. hat einmal gesagt: „Der Mensch ist nie so groß als wenn er kniet." Im Gebet findet die Grundhaltung des Menschen vor Gott ihren Ausdruck: das gläubige Sich-Öffnen, das demütige und dankbare Empfangen, das Ergriffen- und Beglücktsein von Gott. Unser Christsein fällt und steht mit dem Beten.
Wir alle sollten Gott immer wieder dafür danken, daß er uns „von allen Seiten" schützend umgibt, und daß er segnend seine Hand auf uns ruhen läßt (vgl. Ps 139,5). Wir sollten ihn um seine Güte und Liebe bitten, getreu dem Wort der Schrift: „Werft alle eure Sorge auf ihn; denn er sorgt für euch" (1 Petr 5,7).

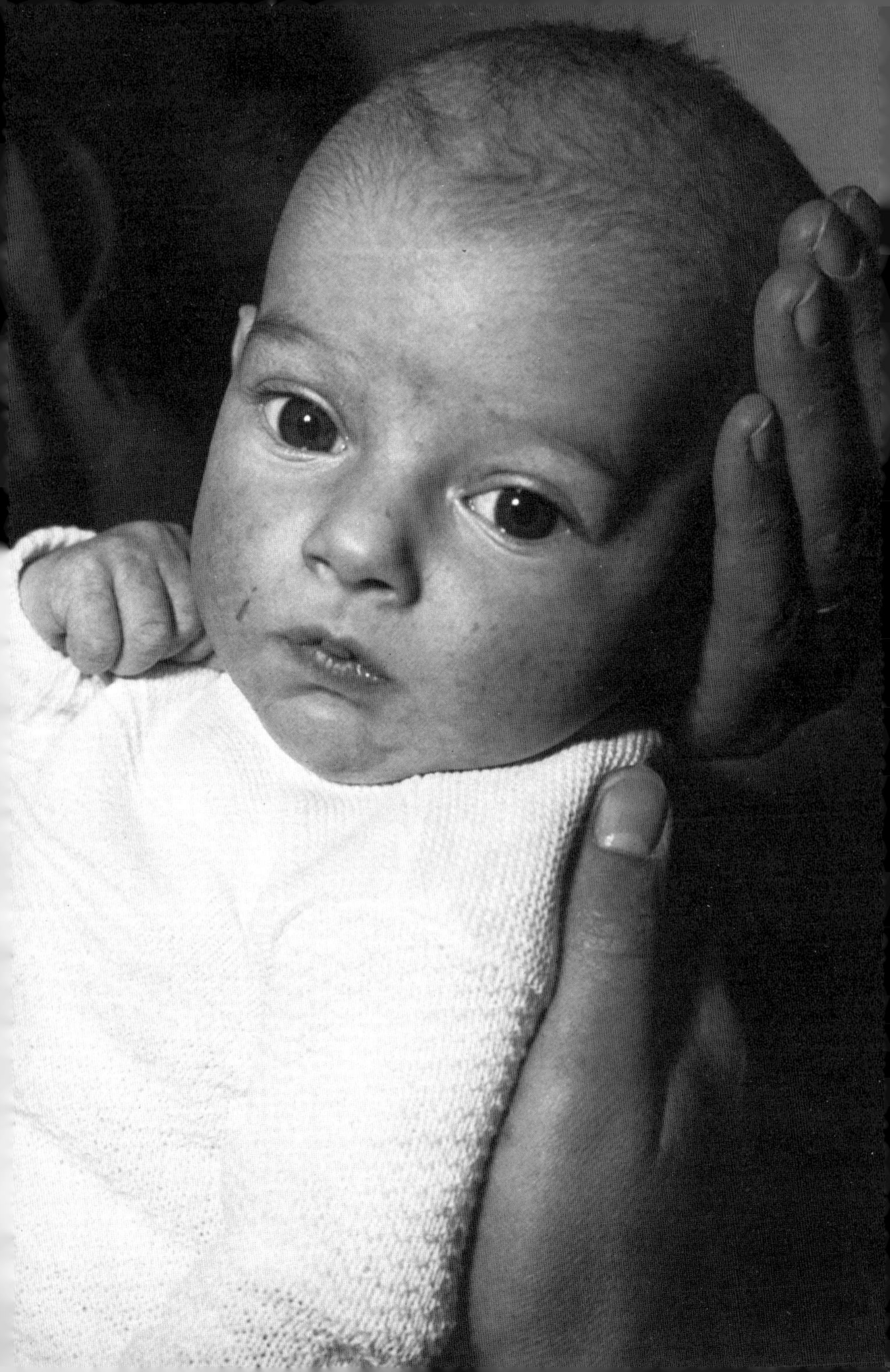

3 Schon mit Kleinkindern beten!

Eltern müssen viel Rücksicht auf die kindliche Mentalität nehmen

„Meine Nachbarin bringt schon ihrer dreijährigen Tochter und ihrem zweijährigen Sohn viele Gebete bei. Ich frage mich immer, ob das überhaupt sinnvoll ist. Kinder in diesem Alter wissen ja noch gar nicht, was Beten ist."
So sprach einmal eine Mutter in einem Elternseminar über Fragen der religiösen Erziehung. Ähnlich werden vielleicht auch andere Eltern fragen: Ist es sinnvoll, daß man schon Kleinkinder Gebete sprechen läßt?
Ja, es ist sinnvoll und richtig, daß Eltern bereits ihre zwei- und dreijährigen Kinder an ein regelmäßiges Beten gewöhnen. Es ist vernünftig, daß sie sich zum Beispiel jeden Abend mit ihren Kindern im Gebet an Gott wenden. Voraussetzung ist allerdings, daß die Eltern dabei mit viel Einfühlungsvermögen vorgehen, daß sie große Rücksicht auf die kindliche Mentalität nehmen. Leider tun dies nicht alle Eltern.

Lieber Gott, mach mich fromm . . .

Gelegentlich kann man beobachten, daß Eltern ihrem kleinen Kind das eine oder andere Reimgebet beibringen, das sie selbst aus ihrer Kindheit herübergerettet haben. Dieses Gebet wird dem Kind eingelernt, ja antrainiert, gleich, ob es sinnvoll und geeignet ist oder nicht.
Da gibt es zum Beispiel das bekannte Kleinkindergebet „Lieber Gott, mach mich fromm, / daß ich in den Himmel komm!" Viele Erwachsene mögen dieses Gebet als Kinder liebgewonnen haben. Aber wir müssen heute sagen, daß dieses alte Reimgebet denkbar ungeeignet ist, um ein kleines Kind zu Gott zu führen.
Kindgemäß ist in diesem Gebet nur die Anrede „lieber Gott". Alles andere

versteht das kleine Kind noch gar nicht. Was soll es zum Beispiel mit der Aufforderung anfangen: „mach mich fromm?“ Was heißt das überhaupt – fromm? Dieses Wort ist dem Kind völlig fremd.
Oder: Wie kann das kleine Kind, das erst kurze Zeit auf der Welt ist, im Ernst danach verlangen, von den Eltern – von Mutter und Vater – weg „in den Himmel“ zu kommen? Das heißt doch, daß in diesem Gebet alle natürlichen Beziehungen auf den Kopf gestellt werden.

Jesuskindchen klein . . .

Ähnlich ist es mit einem anderen Gebet, das sich heute hie und da noch großer Beliebtheit erfreut: „Jesuskindchen klein, / mach mein Herzchen rein, / soll niemand drin wohnen / als Jesus allein.“ Auch hier lassen sich viele Bedenken anmelden.
Was soll sich zum Beispiel das kleine Kind darunter vorstellen, daß sein Herz rein (= gut) sein soll? Es macht doch täglich die Erfahrung, daß es von den Eltern und von allen, die es kennen, geschätzt und geliebt wird. Es weiß also, daß es liebenswert ist. Wie soll es da nicht gut sein?
Am Schluß des Gebetes heißt es dann unverständlicherweise: „Soll niemand drin wohnen als Jesus allein.“ Hier wird etwas Unmögliches vom Kind verlangt. Das kleine Kind, das gerade seine ersten Schritte auf der Welt macht, soll also alles andere, sogar seine eigenen Eltern, aus seinem Herzen verbannen. Wie soll es dann einmal seine Aufgabe im Leben bewältigen?

Lippenfrömmigkeit hat große Gefahren

Eltern erweisen ihrem Kind keinen Dienst, wenn sie es einfach nur zur Lippenfrömmigkeit erziehen. Die Lippenfrömmigkeit ist eine der größten Gefahren für den Glauben. Mit ihr gelingt dem Kind keine Erfahrung von Gott, kein Auf-ihn-Hingehen.
Hinzu kommt, daß es unsinnig ist, das kleine Kind einen Gebetstext sprechen zu lassen, der sein Verstehen übersteigt und der nicht in unmittelbarem Zusammenhang mit seiner eigenen Welterfahrung steht. Kinder, die so aufgezogen werden, entwickeln mit der Zeit eine falsche „Frömmigkeit“.
Was hat es also für einen Sinn, mit dem kleinen Kind immer und immer wieder das gängige Abendgebet „Bevor ich mich zur Ruh‘ begeb’“ zu beten? Dieses gereimte Formelgebet läßt das Kind nur ins Leiern geraten. Es ist genauso starr und unkindgemäß wie das bekannte Morgengebet „O Gott, du hast in dieser Nacht“.
Kinder müssen von Anfang an lernen, daß das Gebet nicht einfach ein gedan-

kenloses Hersagen großenteils unverstandener Formeln ist, sondern vielmehr ein Gespräch mit Gott. Sie müssen von klein auf wissen, daß sie im Gebet zu dem lebendigen Gott sprechen und daß sie von ihm „gehört“ werden.

Freuden und Sorgen ins Gebet einbringen

Im Gebet bringt sich der Mensch mit all seinen Anliegen, Nöten und Freuden vor Gott. Er vertraut Gott alles an, was ihm auf der Seele liegt, was ihn bewegt. Das bedeutet, daß sich der Mensch dem göttlichen Du gegenüber in einer Weise öffnet wie sonst kaum jemandem gegenüber.
Und deshalb ist es ganz wichtig, daß Eltern, die ihr Kind an ein sinnvolles Beten gewöhnen wollen, wissen, was ihr Kind im Innersten bewegt, welche Freuden und Kümmernisse es im Herzen mit sich herumträgt. Diese Freuden und Kümmernisse gilt es dann mit dem Kind zusammen vor Gott zu bringen.
Dabei wird die Sprache des Gebetes ganz einfach sein. Das Kind muß verstehen können, was Mutter oder (und) Vater beten. Und das kann es am besten, wenn im Gebet so gesprochen wird wie auch sonst im täglichen Umgang miteinander.
Hier ein Beispiel, wie Eltern am Abend für ihr Kind beten können: „Lieber Gott! Es ist jetzt Abend geworden. Unser Simon ist müde. Er hat heute viel gespielt. Behüte ihn diese Nacht! Laß ihn gut schlafen! Segne uns alle und gib uns morgen wieder einen frohen Tag! Amen.“

Gott versteht alles

Es wird nicht lange dauern, dann werden die Kleinen bald selbst ihre ersten Gebetssätze sprechen. Sie werden ihre Freuden, Ängste und Schmerzen dem lieben Gott anvertrauen und ihn bitten, daß er sie immer beschützen möge.
Die Kinder müssen wissen, daß Gott *alles* versteht, daß man ihm jedes Anliegen vortragen kann, daß nichts zu klein oder zu groß ist, um von seiner Liebe umfangen zu sein. Sie müssen wissen, daß man sich Gott voll anvertrauen kann. Sie müssen aber gleichzeitig spüren, daß auch die Eltern ihr ganzes Vertrauen in Gott setzen.
Dann werden die Kinder vielleicht eines Tages selber so am Abend sprechen: „Lieber Gott! Ich bin jetzt müde. Vielen Dank für diesen Tag! Ich hab’ dich lieb, du bleibst immer bei mir. Amen.“
So oder ähnlich könnten die ersten frei formulierten Gebete aussehen. Sicher wissen die kleinen Kinder noch nicht, was Beten heißt. Aber sie kennen schon das Bedürfnis nach Schutz und nach Sicherheit; und sie möchten sich jemandem mitteilen, der sie ganz versteht.

4 Familienleben als Weg des Glaubens

Der Glaube der Eltern führt Kinder in den Glauben ein

Es ist gut, an dieser Stelle unserer Betrachtungen einmal innezuhalten. Das bisher Gesagte ist für die weiteren Ausführungen über zentrale Fragen der religiösen Erziehung so entscheidend, daß es angebracht erscheint, die wichtigsten Gedankengänge nochmals zu bedenken und um den einen oder anderen Gesichtspunkt zu bereichern. Der Leser möge dem Verfasser diese kleine Pause wohlwollend nachsehen.

Wir haben gesehen, daß die religiöse Erziehung des Kindes auch heute noch zuerst und zunächst Aufgabe der Eltern, der Familie, ist. Und darum werden sich Väter und Mütter, die den Glauben als einen besonderen Reichtum erkennen, auch sehr darum bemühen, ihn durch Wort und Beispiel an ihre Kinder weiterzugeben.

Christliche Eltern haben es von jeher als selbstverständlich empfunden, daß sie das, was sie im Leben für das Wichtigste und Wertvollste hielten, nämlich die Religion –, an ihre Kinder übermittelten. Denken wir an das Beispiel der Thomas-Christen in Indien oder an die geflüchteten Christen in Japan, die über Generationen hinweg – ohne Priester und ohne Hierarchie – das Christentum bewahrt haben, weitergegeben von Eltern zu Kindern und Kindeskindern.

Schon in der frühen Kirche war das so. Dafür ist uns ein treffender Ausspruch überliefert: Als der griechische Kirchenvater Klemens von Alexandrien († vor 216) einmal gefragt wurde, was er täte, wenn er einen Menschen für Christus gewinnen wolle, antwortete er: „Ganz einfach, ich lasse ihn ein Jahr in meinem Hause wohnen."

Dies ist eine umwerfende Antwort, und sie hat auch heute für das religiöse Leben in der Familie, für Kinder und Eltern, ihre Bedeutung. Und das heißt:

Eltern, die ihre Kinder religiös erziehen wollen, lassen ihr Leben zu einem „Haus“ werden, in dem sie mit ihren Kindern ihren Glauben leben.
In diesem Sinne sagt auch das Zweite Vatikanische Konzil in seiner Konstitution über die Kirche (Art. II): „Die Eltern sollen in dieser gleichsam häuslichen Kirche durch Wort und Beispiel für ihre Kinder die ersten Glaubensboten sein . . .“

Gläubige Eltern als Voraussetzung

Aus dem Gesagten wird folgendes ganz deutlich: Wer ein Kind zum Glauben führen und an Gott binden will, der muß selbst im Glauben an diesen Gott leben, der muß sich darum bemühen, sein eigenes Leben religiös auszurichten. Mit anderen Worten: Erziehung zum Glauben setzt Eltern voraus, die selbst aus dem Glauben leben.
Diese These darf allerdings nicht im umgekehrten Sinn verstanden werden: daß nämlich gläubige Eltern unfehlbar auch gläubige Kinder haben. Der Glaube ist immer ein Geschenk göttlicher Gnade. Und Eltern können sich nur darum bemühen, in den Kindern die Disposition (Grundlegung) zum Glauben zu schaffen, d. h. in ihnen etwas von der Kraft und von der Freude des Glaubens heimisch werden zu lassen. Sie haben aber niemals die Garantie des Erfolges.
Die These „Erziehung zum Glauben setzt Eltern voraus, die selbst aus dem Glauben leben“ will nur besagen, daß man einem Kind nicht etwas überzeugend vermitteln kann, worum man sich selbst nicht immer wieder von neuem bemüht. Und das bedeutet: Nur Eltern, die sich der Unsicherheit (Unfertigkeit) ihres Glaubens bewußt sind und ihn deshalb als Geschenk verstehen, können auch ihr Kind mit Überzeugung in diesen Glauben einführen.
Ist dies nicht der Fall, dann bleiben alle Bemühungen der Eltern an der Oberfläche. Den Kindern Gebete einlernen, von denen man selbst nichts hält, sie in die Kirche schicken, in die man selbst kaum geht – das bleiben in den meisten Fällen, um nicht zu sagen: immer, aufgeklebte Formen, die bei der ersten Krise oder bei zunehmender Selbständigkeit der Kinder – spätestens beim Eintritt in die Pubertät – abgeschüttelt werden.

Wichtig: das Gebet vor und mit Kindern

Die religiöse Erziehung des Kindes setzt also gläubige Eltern voraus. Und diese Tatsache ist deshalb so wichtig, weil die Grundlegung des Glaubens nicht in erster Linie durch Worte, Predigten und Lehrbücher geschieht, sondern vor allem durch die Atmosphäre, in die das Kind hineingeboren wird, in die es hineinwächst und in der es sich bewegt wie ein Fisch im Wasser.

Das Wichtigste und Nachhaltigste in der religiösen Erziehung, so haben immer wieder Religionspädagogen und Psychologen betont, ist nicht die Summe des kindlichen Wissens über Gott, Jesus oder Kirche. Das Entscheidende ist, daß das Kind die Erfahrung macht, daß seine Eltern ihr Leben im Glauben und im Vertrauen auf den lebendigen Gott führen und bewältigen.

Dieser Glaube und dieses Vertrauen müssen allerdings, damit sie dem Kind begreifbar werden, auch ins Wort kommen. Und das heißt: Die Eltern müssen vor ihrem Kind und mit ihrem Kind beten. Auch wenn das kleine Kind die Gebete seiner Eltern noch nicht verstehen kann, spürt es doch bereits aus der ganzen Atmosphäre, daß hier etwas Wichtiges und Geheimnisvolles vor sich geht, daß die Eltern nach diesem Gespräch mit Gott friedlicher, zuversichtlicher und gelöster sind. Und das sind für ein Kind ganz wichtige Erfahrungen, noch ehe es denken und reden kann.

Leider haben manche Eltern eine Scheu davor, miteinander zu beten. Sie haben Hemmungen, mit Gott voreinander und vor den Kindern zu sprechen. Man legt ja etwas Inneres bloß . . . Dazu ist zu sagen, daß es dort kaum Schwierigkeiten mit dem Beten gibt, wo Mann und Frau sich von Anfang der Ehe an ins Gebet eingeübt haben und wo mit den Kindern von klein auf gebetet wurde.

Der gemeinsame Weg zu Gott

Ein Großteil der religiösen Erziehung des Kindes ist, so läßt sich abschließend sagen, eine Aufgabe der Eltern an sich selbst. Vater und Mutter müssen begreifen: In der Ehe, in der Familie ist das Religiöse nicht eine Privatsache der beiden Ehepartner; auch nicht nur eine Sache der Frau, wie manche Männer fälschlicherweise meinen. Der gemeinsame Lebensweg von Mann und Frau schließt nun einmal den gemeinsamen Weg zu Gott mit ein.

Väter und Mütter, die ihre Kinder religiös erziehen wollen, müssen Gott in ihrer Mitte erfahren und auch ihr gemeinsames Wort an ihn richten. Und das heißt: Sie müssen miteinander beten – eine Aufgabe, in die man sich einüben muß.

Denken wir noch einmal an das oben Gesagte zurück: Nur der Glaube der Eltern vermag den Glauben der Kinder zu zeugen. „Kinder tun alles, was ihre Eltern tun. Leben Eltern als gläubige Menschen . . ., wachsen die Kinder von selbst mit im Glauben auf. Ja, das Beispiel ist das Größte“, heißt es im „Holländischen Katechismus“ („Glaubensverkündigung für Erwachsene“, Herderbücherei Bd. 382, Freiburg i. Br., S. 270).

5 Von Gott reden – aber wie?

Wie man Kindern eine richtige Vorstellung von Gott vermitteln kann

Kinderfragen können Eltern ganz schön in Verlegenheit bringen. Das gilt auch – oder vielleicht ganz besonders – für den religiösen Bereich. Immer wieder kommen die Kinder – wißbegierig, spontan und mit großer Aufnahmebereitschaft – zu Vater oder Mutter und wollen etwas über den „lieben Gott" erfahren.

Da heißt es zum Beispiel: „Wo wohnt der liebe Gott?" – Darauf gibt es eigentlich nur eine wahre Antwort: „Ich weiß es nicht." – „Warum weißt du das nicht?" – „Weil ich ihn noch nicht gesehen habe." – „Aber es gibt doch Bilder von ihm." – „Sicher, aber die Leute, die solche Bilder gemalt haben, haben ihn auch nicht gesehen." – „Aber warum redet man dann von ihm, wenn ihn keiner gesehen hat?" – „Weil Jesus, Gottes Sohn, uns von ihm erzählt hat." So oder ähnlich könnte das Gespräch verlaufen und noch weitergehen.

Es ist gar nicht so einfach, mit Kindern über Gott zu sprechen. Es gibt keinen allgemein anerkannten Katalog richtiger Formeln dafür, kein Patentrezept mit Erfolgsgarantie. Im Grunde genommen entzieht sich Gott unseren Begriffen und übersteigt unsere menschliche Vorstellungskraft. „Gott wohnt in unzugänglichem Licht", heißt es im ersten Brief des Apostels Paulus an Timotheus (6,16).

Trotzdem muß jeder, der „sich mit Gott anlegt" – und das ist das Wesen der Religion –, irgendeine Vorstellung von Gott haben. Das gilt nicht nur für die Erwachsenen, das gilt auch für die Kinder. Denn wie soll ein Kind auf einen Gott hören, mit einem Gott sprechen oder sogar einen Gott lieben, wenn es keine Vorstellung von ihm hat?

Wir wollen darum in diesem Kapitel einmal der Frage nachgehen: Wie können

Eltern ihren Kindern eine Vorstellung von Gott vermitteln? Wie können sie mit ihnen richtig über Gott sprechen?

Wenn mit Gott gedroht wird

Leider kommt es immer wieder vor, daß Eltern ihren Kindern eine unzulängliche, verzerrte oder sogar falsche Vorstellung von Gott vermitteln. So begehen manche den Fehler, den Kindern mehr mit der Strafe Gottes zu drohen, als ihnen von der Liebe Gottes zu erzählen. Sie gebrauchen Gott als Erziehungs- und Druckmittel.

Mit Gott wird gedroht und angst gemacht, wenn es etwa heißt: „Jetzt ist der liebe Gott ganz böse und wird dich strafen, wenn du nicht gleich folgst!" – Oder: „Der liebe Gott sieht alles, und wenn du jetzt nicht essen willst, dann mag er dich nicht mehr und gibt dir eines Tages nichts mehr zu essen." – Und bei einem Gewitter heißt es: „Der liebe Gott schimpft mit dir, weil du so unartig bist!"

So oder ähnlich hört man gelegentlich Eltern oder auch andere Erzieher sprechen. Gott wird den Kindern als der große und unheimliche Aufpasser geschildert, als der strenge Vater, der alles sieht und hört, dem nichts entgeht, der alles ahndet, der eher zu fürchten als zu lieben ist.

Auch der dreijährigen Beate ging es so: Sie hatte sich trotz des Verbotes der Mutter statt des Kunststoffbechers ein gutes Glas aus dem Küchenschrank geholt, weil das Wasser darin besser glitzert und glänzt. Sie weiß nicht, wie dünn das Glas ist und wie leicht es zersplittert. Plötzlich zerbricht es, und Beate schneidet sich. Weinend kommt sie zur Mutter gelaufen. Aber statt ein tröstendes Wort zu erhalten, wird sie mit dem Vorwurf empfangen: „Wer nicht hören will, muß fühlen. Das ist die Strafe vom lieben Gott für böse Kinder, die nicht folgen wollen."

Fast den gleichen Satz mußte der vierjährige Jochen von seinem Vater hören, als er in der Schaukel zuviel wagte und schließlich in hohem Bogen herausfiel. Zwar hatte der Vater ihn wiederholt vor dem „großen Fliegen" gewarnt, aber es war nun einmal so verlockend. Schließlich machte es der größere Bruder ja auch so, und ihm wollte es Jochen doch nur nachmachen.

Beate und Jochen wollten nicht „bösartig" sein, sondern einfach nur spielen. Sie dachten gar nicht daran, dem lieben Gott oder ihren Eltern wehzutun und sie zu beleidigen. Sie folgten nur dem Drang ihres Kindseins zum Ausprobieren und zum Frohsein, den Gott sogar in sie selbst hineingelegt hat.

Und dann müssen die beiden plötzlich die unerfreuliche Erfahrung machen, daß dieser „liebe Gott" sie nicht tröstet und ihnen nicht hilft, sondern sie, wie die Eltern gesagt haben, für ihren Ungehorsam straft und ihnen zürnt.

Folge: Die Kinder werden ängstlich und unfrei

Bei Kindern muß aufgrund solcher Erfahrungen, besonders wenn diese sich öfters wiederholen, ein unangenehmes Gefühl zurückbleiben. Immer wieder taucht der zürnende und strafende Gott auf, wenn sie etwas getan haben, was am Anfang sehr schön war, zuletzt aber nicht gut ausging.
Gott wird für sie der stets böse und strenge Vater, dem nichts verborgen bleibt, der alle Vergehen und Unarten bestraft, der kein Mitleid hat (denn er verhindert ja den Trost), der keine Freude und keinen Spaß zuläßt und duldet, der immer ernst und feierlich ist, der kein Verständnis für kindlichen Übermut hat, kurzum: der Kinder nie aus dem Auge verliert, sondern sie ständig und kritisch beobachtet.
Sich aber ständig und kritisch beobachtet zu wissen, macht einen Menschen unsicher, ängstlich und unfrei. Das gilt für den Erwachsenen, das spürt auch ein Kind. Der bekannte Schriftsteller Eugen Roth (1895–1976) hat dieses Unbehagen in seinen Versen einmal so ausgedrückt:

„Ein Mensch, der recht sich überlegt,
daß Gott ihn anschaut unentwegt,
fühlt mit der Zeit in Herz und Magen
ein ausgesprochenes Unbehagen
und bittet schließlich ihn voll Grauen,
nur fünf Minuten wegzuschauen.
Er wolle unbewacht, allein,
inzwischen brav und artig sein.
Doch Gott, davon nicht überzeugt,
ihn ewig unbeirrt beäugt."

Man kann sich kaum vorstellen, daß Kinder zu einem solchen Gott Vertrauen gewinnen und sich bei ihm geborgen fühlen können. Ein „solcher Gott" wirkt nur furchterregend, abstoßend und feindselig. Er hat nichts von Erlösung und Befreiung, von Freude und Zuversicht, von Wohlwollen und Liebe an sich. Er ist ein kleinlicher und griesgrämiger Tyrann.
Die Vorstellung von einem Gott, der alles registriert und bestraft, macht selbst heute noch vielen Erwachsenen erhebliche Schwierigkeiten. Wie viele können bestätigen, wie „angstbesetzt" ihre Vorstellung von Gott ist! Sie sagen zu Recht, daß ihnen dies so gelehrt worden ist, daß sich diese kindhaften Vorstellungen in ihnen verfestigt haben.
Trotzdem: Einmal Erlerntes muß nicht schon für alle Zeiten das Richtige sein. Und deshalb sollten wir Erwachsenen bereit sein zu korrigieren, was sich als unrichtig erweist. Denn eine unrichtige oder auch einseitige Gottesvorstellung,

die nicht aufgearbeitet (sondern nur verdrängt) ist, hindert uns daran, Gott zu begegnen.

„Jetzt ist der liebe Gott ganz traurig!"

Auf diesem Hintergrund ist auch ein anderer Fehler zu sehen, der gelegentlich in der religiösen Erziehung begangen wird. Da gibt es zum Beispiel Eltern, die ihren Kindern, wenn diese ungehorsam sind, immer wieder sagen, der liebe Gott sei nun ganz traurig.

Man kann verstehen (und es ist auch richtig), daß Väter und Mütter jedes Mittel anwenden, um den Kindern einen gewissen Ordnungssinn zu vermitteln. Aber sie tun ihren Jungen und Mädchen einen schlechten Dienst, wenn Gott dafür herhalten muß, daß Ruhe, Ordnung und Disziplin im Hause herrschen. Dazu einige Beispiele:

Simone, vier Jahre alt, versucht schon während des Tischgebetes etwas von den Speisen zu erhaschen, die so verlockend auf dem Tisch stehen und gut riechen. – Beim Dankgebet nach dem Essen lacht der fünfjährige Tobias noch und freut sich über dieses oder jenes Tischerlebnis. – Die dreijährige Cornelia bringt es in der Kirche nicht fertig, eine Viertelstunde lang still zu sitzen. – In jeder Situation sagt die Mutter ihrem Kind den fast immer gleichen Satz: „Jetzt ist der liebe Gott ganz traurig. Er will nichts mehr mit dir zu tun haben, er will nichts mehr von dir wissen."

Warum eigentlich? Das Verhalten der Kinder bei Tisch oder in der Kirche ist ja nicht unkindlich, böse oder schlecht. Und darum verstehen Kinder den Gott nicht, der die Simone, den Tobias oder die Cornelia nicht mehr mag, der nur die „braven" Kinder liebt; sie wissen nichts mit ihm anzufangen.

Äußerlich versuchen die Kinder zwar, meist wegen der Eltern, dem „lieben Gott" zu gefallen und auch ihre auswendig gelernten Formeln zu beten wie „Lieber Gott, mach mich fromm", „Müde bin ich geh zur Ruh" oder das „Vater unser". Innerlich aber fehlt ihnen dann der Kontakt zu diesem Gott, der sich „traurig" von ihnen abgewendet hat und der sie nicht mehr mag.

Es ist anzunehmen, daß das religiöse Wachsen und Mündigwerden dieser Kinder behindert oder sogar verhindert wird, wenn ihre Eltern in dieser Weise mit ihnen von Gott sprechen. Auf dieser Grundlage können Jungen und Mädchen, wenn sie heranwachsen, kaum noch aufbauen. Und es wird ihnen schwerfallen, ein Leben lang mit solch naiven religiösen Kindervorstellungen gläubig zu bleiben.

Je klarer und eindeutiger Eltern mit ihren kleinen Kindern von Gott sprechen, um so weniger werden diese in späteren Jahren Schwierigkeiten haben, Gott zu vertrauen.

Der „alte Mann“ und das „liebe Jesulein“

Es gibt noch andere unwürdige und falsche Gottesbilder, die in manchen Familien den Kindern vermittelt und anerzogen werden. Da ist zum Beispiel das Bild vom alten Mann, dem „Himmelspapa“, der einen langen schlohweißen Bart hat, auf einem goldenen Thron sitzt und von süßen Engelchen umgeben ist.

Diese Vorstellung von Gott, der doch der ganz Andere, der Unbegreifliche ist, ist eine Verzeichnung und Verzerrung. Und es ist sehr unwahrscheinlich, daß derartiger Kitsch Kinder zu einem echten Glauben hinführen kann.

Die Darstellungen Gottes als eines weißhaarigen und langbärtigen Patriarchen, der stets die Braven belohnt und die Bösen bestraft, stehen unserer Gottesvorstellung heute mehr im Weg, als daß sie ihr förderlich wären. Gott ist nicht ein alter, schwacher Großvater, der immer darauf bedacht ist, uns zu verwöhnen.

Genauso abzulehnen ist das verniedlichende Gerede vom „lieben Jesulein“ oder das vielgebrauchte, schon im 3. Kapitel besprochene Gebet: „Jesuskindchen klein, mach mein Herzchen rein, soll niemand drin wohnen als Jesus allein.“

Wer so zu seinen Kindern von Gott redet, verharmlost ihn. Das Kleinkind mag diese Worte gedankenlos nachsagen. Aber Kinder beginnen – oft früher, als man meint – zu denken. Dann steht unbewußt die Frage in ihnen: Kann dieses „Kindchen“ schützen und Hilfe geben? Dem kann man doch nicht sagen, daß es den Vater wohlbehalten nach Hause bringt, da es ja viel schwächer ist als er selbst.

Das Gebet vom „Jesuskindchen klein“ entspricht nicht dem Urbedürfnis des Kindes nach Stütze und Schutz. Die Kirche spricht in ihren Gebeten fast nie das „Jesuskind“ an. Sie betet zu dem „Herrn Jesus Christus“, der für uns Menschen zwar als Kind zur Welt gekommen ist, der aber als Mann mutig und unbeirrt seine Botschaft durch das Land getragen hat, der angefeindet wurde und tapfer für uns alle in den Tod ging.

Wie Gott zu uns ist

Im übrigen ist es überhaupt bedenklich und aufs ganze gesehen gefährlich, wenn Eltern und Erzieher das Gottesbild bis ins Detail menschlich ausmalen und ausgestalten. Eine solche Bildhaftigkeit wird sich in den Kindern sehr schnell verfestigen und, wenn sie älter geworden sind, werden Elemente davon immer wieder in ihrer späteren Gottesvorstellung herumspuken.

Es ist nicht wichtig, wie Gott im einzelnen aussieht. Viel wichtiger ist es, daß wir wissen, wie Gott zu uns ist. Und wie ist Gott zu uns?

- Gott ist überall und immer bei uns und für uns da – bis zum letzten. Er ist uns näher, als wir uns selbst sind.
- Er ist unendlich gut und liebt jeden Menschen.
- Vor Gott braucht man keine Angst zu haben; er mag uns, wenn wir fröhlich und lustig sind, und er mag uns, wenn wir Fehler machen oder traurig sind.
- Bei ihm können wir uns geborgen fühlen.
- Gott sieht uns und hört uns. Mit seiner Hand ergreift er einen jeden von uns und führt ihn. Im Psalm 139 (7–10) sagt der Beter voller Ehrfurcht und Vertrauen zu dem allgegenwärtigen Gott: „Wohin könnte ich gehen vor deinem Geist, wohin vor deinem Antlitz fliehen? Stiege ich hinauf in den Himmel, du bist dort; bettete ich mich in der Unterwelt, du bist zugegen. Nähme ich Flügel des Morgenrots, ließe ich mich nieder am äußersten Meer, auch dort würde deine Hand mich ergreifen und deine Rechte mich fassen."
- Gott kann vieles, was wir nicht können. Er ist der Allmächtige, der Schöpfer des Himmels und der Erde. „Unser Gott ist im Himmel; alles, was ihm gefällt, das vollbringt er", heißt es im Psalm 115 (7).
- Gott gibt uns alles, was wir brauchen. Er gibt uns, was für uns nötig und gut ist.
- Alles Gute und Schöne im menschlichen Leben und in der gesamten Welt kommt von ihm. Auch aus dem Bösen kann er noch Gutes machen, weil er das Gute liebt, ja, der Gute ist. Das wird in der Heiligen Schrift zum Beispiel an der Josefsgeschichte deutlich: Josef, den seine Brüder nach Ägypten verkauft hatten und der dort zum Gebieter des Landes und zum Verwalter der Vorräte in der Hungersnot geworden war, sagte zu seinen Brüdern, die sich vor ihm fürchteten: „Ihr habt Böses gegen mich im Sinn gehabt, Gott aber hatte dabei Gutes im Sinn, um zu erreichen, was heute geschieht: viel Volk am Leben zu erhalten. Nun also fürchtet euch nicht! Ich will für euch und eure Kinder sorgen." (Gen 50,20–21)

So können Eltern ihren Kindern Gott schildern. Sie werden ihnen aber auch Gott zeigen als den Großen, den ganz Anderen, den nicht Verfügbaren, den Herrn über Leben und Tod, der schenken, der aber auch vorenthalten und nehmen kann. Gerade die Erfahrungen des Kleinkindes mit Krankheit, Enttäuschung, Leid und Tod können nur von dieser Sicht Gottes her aufgearbeitet werden. (Vgl. auch das 7. Kapitel!)
Wer Gott so sieht, wird dies auch im Gebet folgerichtig zum Ausdruck bringen: „Vater im Himmel, du bist der Große, du bist der Allerhöchste. Wir verneigen uns vor dir. Wir schauen zu dir auf: Komm mit deinem Reich und wohne in unserer Welt! Amen." (Felicitas Betz)

Alles hängt von den Eltern ab

Voraussetzung für dieses Reden über Gott ist, daß Eltern im Umgang mit ihren Kindern aufscheinen und spüren lassen, wie Gott zu uns ist. Bereits im 1. Kapitel („Erste Erfahrungen mit Gott") wurde einiges dazu gesagt.

Wenn Kinder beim Denken an Gott das Gefühl der Geborgenheit, der Liebe, des Vertrauens und der Güte verbinden sollen, dann setzt das voraus, daß sie auch im Elternhaus viel Liebe, Aufmerksamkeit und Zuwendung erfahren, daß sie sich von ihren Eltern (oder von den Personen, die sie vertreten) bejaht und angenommen wissen – und das stetig, durchgehend.

In dem Maße, als ein Kind Geborgenheit in der Liebe seiner Eltern und Erzieher erfährt, glaubt es an die sorgende, beschützende und verstehende Kraft der Liebe. Es glaubt an Gott, wenn wir ihm zeigen, daß von ihm alle Liebe ausgeht, weil er die Liebe ist.

Berufspädagogen können letztlich ein Gottesbild nur vermitteln, wenn es nicht im totalen Widerspruch zu dem steht, was die Kinder zu Hause konkret erleben. Ein solches Gottesbild wird jedoch immer irgendwie in der Luft hängen. Es wird ein mehr oder weniger unverständliches Gerede bleiben, das Kinder in der Regel Gott nicht näher bringt, sondern ihnen sogar den Zugang zu Gott verbauen kann, und das wahrscheinlich auf lange Sicht.

Hier wird deutlich, wie notwendig das Gebet des Berufserziehers und das Wirken der Gnade Gottes für die anvertrauten Kinder ist.

6 Jesus lebt und ist uns ganz nahe!

Wie Eltern mit ihren Kindern über Jesus sprechen können

Wie kann und soll man Kindern von Jesus erzählen? Irgendwann im Laufe der kindlichen Entwicklung stehen alle Eltern, denen die religiöse Erziehung ihrer Kinder ein Anliegen ist, vor dieser Frage. Manchen Müttern und Vätern fällt es nicht leicht, auf diese Frage eine richtige Antwort zu finden.

Zuerst über den großen, guten Gott reden

Vielleicht ist es gut, zunächst die Frage zu stellen, wann das Sprechen über Jesus am besten beginnen soll. Darauf sagen uns heute erfahrene Religionspädagogen und Erzieher: Am sinnvollsten sprechen Eltern dann über Jesus, wenn ihr Kind bereits eine ihm gemäße Vorstellung von Gott besitzt und es begonnen hat, ihn zu lieben.
Natürlich ist es nicht immer ganz einfach, diese Reihenfolge streng einzuhalten. Das ist besonders dann der Fall, wenn in einer Familie mehrere Kinder sind. Hinzu kommt, daß manche Ereignisse – zum Beispiel der Anblick der Weihnachtskrippe – eine Antwort im Augenblick erfordern, so daß die Kinder immer schon mosaikartig das eine oder andere von Jesus gehört haben.
Die Grenzen sind also sehr oft fließend. Trotzdem ist es gut, wenn eine gewisse Ordnung im Sprechen mit Kindern eingehalten wird. Und diese Ordnung heißt: Zuerst soll das Kind etwas (nicht viel!) vom großen und guten Gott hören, dann können wir ihm über Jesus Christus erzählen.
Dieses Gespräch über Jesus kann zum Beispiel mit einem biblischen Bild beginnen, auf dem Jesus zu sehen ist. Beim gemeinsamen Betrachten des Bildes erzählen die Eltern ihrem Kind, was Jesus dort gerade tut, wer er war

und wie er lebte. Oft wird auch eine Frage des Kindes den Eltern Anlaß sein, von Jesus zu sprechen.
Vielleicht wirft das Kind eines Tages den Blick auf das Kreuz im Wohnzimmer und möchte wissen, wer der Mann dort ist. Die erste Antwort könnte lauten: Das ist Jesus, der uns liebt. Weiter können die Eltern sagen: „Jesus breitet am Kreuz seine Arme aus und sagt uns: Kommt zu mir!" Das Kind kennt ja diese Geste von Mutter und Vater. (Vgl. auch das 8. Kapitel: „In jede Wohnung gehört ein Kreuz!")

Die Geschichte von Jesus – als Mensch und Sohn Gottes

Eines Tages entdeckt dann das Kind, daß die Hände und Füße von Jesus von Nägeln durchbohrt sind und fragt danach. Darauf läßt sich nicht antworten, ohne die Geschichte von Jesus zu erzählen. Dies kann dann etwa so (oder ähnlich) geschehen:
„Der gute Gott hat uns Jesus, seinen Sohn, geschickt, damit er uns von ihm erzählt. Jesus hat uns gesagt, daß Gott uns liebt und daß er eines Tages kommen wird, um alles in der Welt gut zu machen. Er lädt uns ein, zu ihm zu kommen und bei ihm ganz glücklich zu sein.
Jesus hat uns Gottes Liebe auch gezeigt: Er war gut gegen alle Menschen. Er hat Kranke gesund gemacht, zum Beispiel solche, die nicht sehen, nicht hören oder nicht gehen konnten. Er hat Hungernden und Armen zu essen gegeben. Er hat immer wieder die Kinder in seine Arme geschlossen . . .
Aber es gab Menschen, die Jesus nicht geglaubt haben, daß Gott ihn geschickt hat. Deswegen wollten sie ihn töten. Sie haben ihn einfach gefangen genommen und an das Kreuz genagelt. So ist Jesus gestorben.
Gott aber hat Jesus zu neuem herrlichen Leben auferweckt und zu sich geholt. Nun lebt er bei Gott, seinem Vater. Auch wenn wir Jesus jetzt nicht sehen können: Er ist uns immer nahe und hilft uns, gut zu sein und Gott zu lieben. An einem Tag, den nur Gott weiß, wird Jesus wiederkommen. Er wird uns alle zu Gott, seinem Vater, holen. Darauf freuen wir uns sehr. Und weil Jesus uns so lieb hat, darum haben wir auch sein Bild in unserem Wohnzimmer hängen."
So können Eltern ihrem Kind die Geschichte von Jesus erzählen. Auf diese Weise lernt das Kind Jesus so kennen, wie seine Jünger ihn kennengelernt haben und wie es uns die ersten drei Evangelisten erzählen, nämlich als den Menschen und den Mittler zu Gott. Es erfährt von Jesu Leben und Tun, von seinem Leiden und von seiner Verherrlichung.
Wenn Eltern so mit ihrem Kind sprechen, werden auch einige naheliegende Fehler vermieden. Das Kind sieht zum Beispiel in Jesus nicht einfach den „lieben Gott", sondern erfährt, daß er ein Mensch gewesen ist. Ferner wird bei

dieser Darstellung Jesu Tod nicht überbetont, sondern in die Ganzheit seiner Lebensgeschichte eingebaut.
Ganz wichtig aber ist, daß das Kind aufgrund eines solchen Sprechens hört, daß Jesus nicht einfach eine Gestalt aus längst vergangenen und vergessenen Zeiten ist. Vielmehr weiß das Kind jetzt: Jesus lebt. Er liebt uns, und er ist uns ganz nahe.
Und damit das Kind diesen Jesus immer mehr kennen- und lieben lernt, sollte über seinem Bett im Schlafzimmer auch ein Bild von ihm hängen. Es sollte ein Bild sein, das das Kind liebhaben kann. Gut ist zum Beispiel ein Bild, das Jesus als den Verherrlichten zeigt, oder ein Bild, das ihn in einer Szene aus dem Evangelium darstellt. Sehr empfehlenswert ist auch ein Bild von Jesus, wie er die Kinder segnet; diese Darstellung wird Jungen und Mädchen besonders ansprechen.
Später werden dann die Eltern ihrem Kind mehr über Jesus erzählen.

7 Warum gibt es so viel Leid und Krankheit?

Auch Kinder merken schon recht früh: Nicht alles auf der Welt ist schön und gut

Kinder merken schon recht früh, daß in der Welt nicht alles schön und gut ist: Eines Tages sehen sie eine tote Katze auf der Straße liegen und fragen sich, warum sie vom Auto überfahren wurde. Oder sie fürchten sich vor dem großen Schäferhund von nebenan, der sie immer so fürchterlich anbellt. Oder sie hören, daß der kleine Junge von Familie Meier, der immer soviel husten mußte, gestorben ist.
Ein andermal kommen die Kinder mit einem Mädchen zusammen, das an Kinderlähmung leidet und von seinen Eltern im Rollstuhl gefahren wird. Oder die Kinder erfahren durch Radionachrichten und Erwachsenengespräche, daß es auf der Welt jeden Tag Krieg, Hunger, Katastrophen und Ungerechtigkeiten gibt.
Immer wieder kommen Jungen und Mädchen in Situationen, die ihnen zeigen, daß es auf der Welt nicht nur Angenehmes und Schönes, Erstaunliches und Wunderbares gibt, sondern auch viel Dunkles. Sie erleben Härte und Widerstand, Bedrohung und Gefahr, Mühsal und Belastungen, Mißlingen und Versagen.

Manche Eltern wissen keine Antworten

Alle diese negativen Erfahrungen wecken Fragen in den Kindern. Sie können nicht verstehen, warum es auf der Erde Krankheit und Leid, Ende und Tod, Vorübergehen und Abschied, Schneestürme und Orkane, Erdbeben und Vulkane, Böses und Trauriges gibt. Sie verstehen nicht, wie das mit dem großen, guten Gott zusammenhängt.
In solchen Situationen dürfen Eltern ihre Kinder nicht allein lassen. Vater und

Mutter müssen ihnen helfen, mit ihren Erfahrungen und Erlebnissen fertig zu werden und ein wenig den Sinn des Daseins zu begreifen. Sie müssen versuchen, auf die Fragen ihrer Jungen und Mädchen eine Antwort zu finden.
Aber was sollen die Eltern sagen? Vielleicht haben viele von ihnen selber große Schwierigkeiten, mit diesen Problemen zurechtzukommen. Vielleicht ist ihnen in ihrem eigenen Glauben vieles so fragwürdig geworden, daß sie hilflos sind und nicht wissen, was sie antworten sollen, wenn die Kinder fragen.

Leid und Unglück wird es nicht immer geben

In Wirklichkeit ist es gar nicht so schwer, den Kindern zu antworten. Das erste wird sein, daß die Eltern ihre Kinder trösten und ihnen sagen, daß es so etwas Trauriges wie Leid, Not, Krankheit, Unglück und Tod nicht immer geben wird. Gott will das nicht. Er hat uns gesagt, daß er einmal alles gutmachen wird.
Es kommt einmal eine Zeit, so können die Eltern sagen, da weint keiner mehr, und da braucht keiner mehr zu sterben. Die Propheten und Jesus selbst haben immer wieder mit großem Nachdruck davon gesprochen. Es kommt der Tag, an dem Gott die ganze Welt zu sich holt und gutmacht. Dann sind die Menschen bei Gott. Dann sind sie für immer glücklich.
Die großen Leute sagen dafür manchmal: Dann kommen wir „in den Himmel". Das heißt: Wir wohnen dann für immer bei Gott, und das wird sehr schön sein. Gott ist der große und gute Vater, der uns liebt und der am Ende die ganze Welt zu sich holt und sie herrlich und neu macht. Wir freuen uns schon jetzt auf diese schöne Zeit.

Was können wir für eine bessere Welt tun?

So oder ähnlich könnten Eltern mit ihren Kindern sprechen. Eine solche Darstellung entspricht nämlich der kindlichen Erlebniswelt. Und vor allem: Sie gibt die biblischen Aussagen des Neuen und des Alten Testamentes wieder, die immer wieder von dem großen Ende, vom Kommen Gottes und seinem Reich sprechen und uns sagen, wie darin alles neu werden wird.
Wenn Kinder dies wissen, dann ist ihr Gottesbild und ihr Daseinsgefühl in den grundlegenden Zügen in Ordnung. Auf diesem Fundament kann dann aufgebaut und eine Antwort auf die kindliche Frage versucht werden, warum es so viel Leid und Krankheit, so viel Schlimmes und Schreckliches auf der Welt gibt.
Zwei Dinge sollten dabei auf jeden Fall angesprochen werden. Dies ist einmal die Tatsache, daß an vielen schrecklichen Dingen auf der Erde die Menschen selber schuld sind. Und weil dies so ist, deshalb ist es ganz wichtig zu fragen:

Was können wir tun, damit es auf der Welt besser und schöner wird? Wie können wir helfen? Haben wir genug Verantwortungsgefühl und Liebe?
Eltern und Erzieher sollten ihren Kindern sagen, daß Leid und Not uns alle angehen. Wir alle müssen helfen, daß das Leid weniger wird. Gott will anderen durch uns helfen. Er will, daß wir Gutes tun, soweit wie es uns möglich ist. Das gilt nicht nur für die Erwachsenen, sondern auch für die Kinder.

Ein Rest wird immer bleiben

Aber auch die zweite Tatsache ist wichtig und muß mit den Kindern besprochen werden: Es gibt auch Schreckliches auf der Welt, an dem keiner schuld ist. Wenn zum Beispiel die Kinder fragen, warum es so viele behinderte Kinder gibt, dann können die Eltern nur sagen, daß das ein Unglück ist, an dem niemand etwas ändern kann.
Vater und Mutter sollten nicht überrascht sein, wenn ihr sechsjähriges Kind plötzlich fragt: „Warum ist der Klaus von nebenan geistig behindert und nicht ich?" Die Antwort kann nur lauten: „Keiner weiß es." Und wenn der Achtjährige wissen will, warum manche Menschen so viel leiden müssen und andere nicht, dann kann man ebenfalls nur sagen: „Das wissen auch die großen Leute nicht. Das weiß nur Gott."
Es gibt nun einmal ganz bestimmte Fragen und Probleme, die wir Menschen nicht lösen können. Und darum sollten Eltern ihren Kindern – zumal den heranwachsenden – bei passender Gelegenheit immer wieder sagen, daß wir an diesem Zustand nichts ändern können und daß wir dieses Dunkel tapfer ertragen müssen.

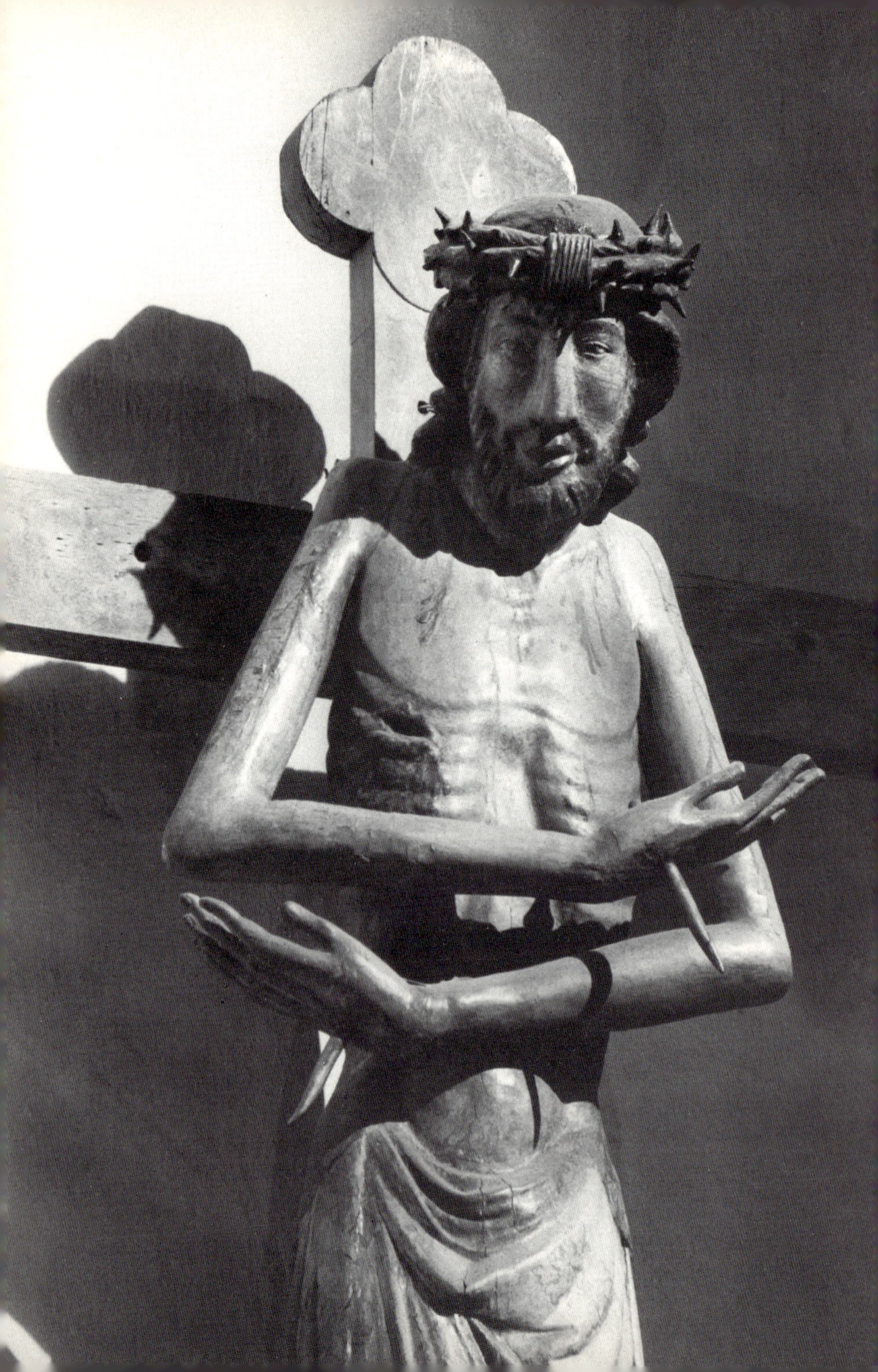

8 In jede Wohnung gehört ein Kreuz!

Religiöse Symbole als Ausdruck des Glaubens

In den Häusern und Wohnungen früherer Zeiten gab es eine Fülle religiöser Symbole. Es gab Kreuze, Heiligenbilder, Statuen, Darstellungen der Namenspatrone, Andachtsgegenstände, einen Herrgottswinkel usw. Alle diese Symbole gehörten wie selbstverständlich zur gläubigen Atmosphäre der Familien dazu.

Heute sieht die Situation oft ganz anders aus – auch bei christlichen Familien. In vielen Wohnungen, in denen Christen leben, ist durch kein Symbol oder Bild zu erkennen, daß hier gläubige Menschen daheim sind. Wo früher zum Beispiel der Herrgottswinkel mit Kreuz und Heiligenbildern war, da versammelt heute meist der Fernseher die ganze Familie um sich.

Viele Menschen sind blind und taub für religiöse Symbole geworden. Der Rückgang der persönlichen Gläubigkeit und der religiösen Praxis in nicht wenigen Familien hat viele Symbole einfach verschwinden lassen. Heute findet man zahlreiche religiöse Zeichen bei den Antiquitätenhändlern oder auf Flohmärkten wieder, wo sie zu teuren Preisen verkauft werden.

Glaube muß zum Ausdruck kommen

Müßte hier nicht eine Neubesinnung einsetzen? Gehören nicht zu der Wohnung einer christlichen Familie religiöse Symbole und Bilder dazu? Glaube sollte doch nie nur innerlich bleiben, sondern auch zum Ausdruck kommen, sich mitteilen.

Ein bekannter Religionspädagoge hat dazu einmal gesagt: „Symbole und Bilder in einer Wohnung haben ihre doppelte Bedeutung. Sie bringen die Einstellung und Überzeugung der Menschen zum Ausdruck, die hier wohnen, und sie bewirken eine lebendigere, auch erlebnismäßig getragene Gläubigkeit. In jede christliche Wohnung gehören darum religiöse Zeichen hinein."

Ein Symbol, das in keiner Familie fehlen dürfte, ist das Kreuz. Es sollte in der Wohnung einen deutlich sichtbaren Platz einnehmen, zum Beispiel im Eß- oder Wohnzimmer oder (und) beim Hauseingang. Wichtig ist immer, daß dieses Symbol nicht als Zierat, als schmückendes Beiwerk in der Wohnung hängt, sondern von allen in der Familie in seiner eigentlichen Bedeutung erkannt wird.

Christliche Eltern werden ihren Kindern vor dem Kreuz erzählen, was es darstellt und wer daran hängt. Sie werden ihnen vom Leben, vom Tod und von der Auferstehung Jesu berichten und ihnen sagen, daß im Kreuz für uns Menschen das Heil zu finden ist – natürlich mit kindgemäßen Worten. (Vgl. auch das 6. Kapitel: „Jesus lebt und ist uns ganz nahe!") Gemeinsam werden Eltern und Kinder immer wieder vor dem Kreuz beten.

Ein anderes religiöses Symbol, das es in jeder christlichen Familie geben sollte, ist der Weihwasserkessel. Am Morgen, am Abend, bei der Verabschiedung – stets sollten Eltern mit dem geweihten Wasser ihre Kinder segnen. Mütter und Väter, die so handeln, wecken in ihren Kindern das Vertrauen, bei Gott ganz geborgen zu sein.

Religiöse Bilder sollten nicht fehlen

Ferner gehört in die Wohnung christlicher Familien das eine oder andere religiöse Bild. Ein solches Bild soll Freude bereiten und Eltern wie Kindern einen Denkanstoß oder eine Erinnerung bieten. Ein vergrößertes Foto, das den Christuskopf in einer romanischen Basilika zeigt, lädt so zum Beispiel dazu ein, an den erhöhten und siegreichen Gekreuzigten zu denken und immer wieder zu ihm aufzublicken.

Oder wie wäre es mit einem schönen Madonnenbild? Gewiß, wir haben nicht die tiefe Beziehung zur Madonna wie die Ostkirche. Soldaten aus dem Zweiten Weltkrieg wissen heute noch zu berichten, wie bei einer Vertreibung der ländlichen Bevölkerung aus ihren Häusern viele Russen oft als erstes die Ikone eingesteckt haben; und manchmal ist sie in der Eile das einzige geblieben, was sie mitgenommen haben.

Es braucht eine sehr lange Tradition, um ein solches Verhalten aufzubauen. Es wird sich jedoch lohnen, wenn Familien wieder mehr Augenmerk darauf legten, daß sie ein gutes Verhältnis zu Maria bekommen. Ein Marienbild ist besonders für die Wärme der religiösen Atmosphäre in einer Familie sehr wertvoll.

Es gibt noch andere religiöse Symbole, die die Wohnung einer christlichen

Familie schmücken und bereichern können. Manche Familien haben zum Beispiel einen großen und schönen Rosenkranz an der Wand hängen. (Ob er auch manchmal noch gebetet wird?) Andere haben die geweihten Palmzweige vom letzten Palmsonntag in ihrer Wohnung – meist hinter dem Kruzifix – aufgesteckt.
Bei einigen Familien – besonders im ländlichen Bereich – ist der bereits genannte Herrgottswinkel (mit Kreuz und Bildern von der Muttergottes und den Heiligen) in der Wohnstube oder in der Küche noch vorhanden. Früher wurde an diesem Ort regelmäßig der Rosenkranz gebetet. An Sterbetagen brannte hier eine Kerze für die Verstorbenen.

Auch Kinder können mithelfen

Für eine christliche Familie sollte es selbstverständlich sein, daß auch die Zimmer der Kinder mit religiösen Symbolen ausgestattet sind. Das können ein Kreuz, ein Marienbild, eine Engeldarstellung oder ein Bild des Namenspatrons sein. Aber auch die Taufurkunden der Kinder, schöne Fotos von der Hochzeit der Eltern oder Bilder von der Feier der Taufe und Firmung können den Kinderzimmern eine religiöse Atmosphäre geben.
In diesem Zusammenhang darf noch erwähnt werden, daß Kinder auch selbst einen Beitrag dazu leisten dürfen, um ihre Wohnung mit religiösen Bildern zu verschönern. Sie können zum Beispiel Ereignisse und Szenen aus dem Evangelium oder Gedanken zu bestimmten Festtagen malen. Solche Bilder – oft mit viel Spontaneität und kindlicher Ausdruckskraft hergestellt – können sehr gut für einige Zeit in der Wohnung hängen.
Im übrigen hat das vom Kind selbstangefertigte und selbstgestaltete religiöse Zeichen einen weit größeren Wert als das gekaufte. Das selbstgemalte Bild – aber auch die gegossene und verzierte Kerze, die selbsthergestellte Krippe, das selbstverfaßte Gebet usw. – hilft dem Kind, sich mit dem Dahinterliegenden zu beschäftigen und es zu bedenken. Es führt – neben der Freude am schöpferischen Tun – zum persönlichen Ausdruck des Glaubens.
Ein Hinweis zum Schluß: Wenn Familien religiöse Symbole kaufen wollen, dann sollten sie nicht einfach auf ganz billige oder nur auf sehr teure Gegenstände achten. Wichtig ist, daß das Symbol einen gewissen künstlerischen Wert besitzt und daß es auch ein wenig Gefühl, Gemüt und Wärme ausstrahlt. Jeder Seelsorger wird den Eltern da gern durch Beratung, gegebenenfalls auch durch Vermittlung, behilflich sein.

9 Eltern müssen verzeihen können

Nichts ist im Umgang mit Kindern so belastend wie ein unversöhnliches Gemüt

Die folgende Geschichte ist zwar schon einige Jahre alt, aber sie hat bis heute noch nichts an Aktualität und Aussagekraft verloren.
In einem katholischen Internat am Rande einer Kleinstadt gab es zwei Erzieher: Der erste war still, liebenswert und immer ausgeglichen; er hätte nie ein Kind grob angeredet oder gar geschlagen. Der zweite war spontan und impulsiv. Er „fackelte" nicht lange, sondern legte die kleinen Jungen kurzerhand übers Knie, wenn sie böse waren oder etwas angestellt hatten.
Das Seltsame, ja Überraschende war nun, daß die Kinder den zweiten Erzieher weit mehr liebten und schätzten als den ersten. Bei dem zweiten hatten sie das Gefühl, daß nach der Strafe alles vergeben und beendet war. Und in der Tat: Dieser Erzieher zwinkerte und lächelte den Kindern oft schon wenige Minuten nach den Prügeln wieder vergnügt zu.
Das soll aber jetzt nicht heißen, daß das Schlagen ein richtiges Erziehungsmittel ist. (Nein: Prügel sind nicht nur unnötig, sondern können sogar sehr gefährlich sein!) Es soll vielmehr nur gesagt werden: Bei dem zweiten Erzieher gab es ein sichtbares Verzeihen. Bei dem ersten wurden die Kinder den Verdacht nicht los: Er ist nachtragend; seine Freundlichkeit ist nur gespielt; er verzeiht uns nicht.
Machen wir nicht alle die Erfahrung, daß es gar nicht so leicht ist, einem anderen Menschen möglichst rasch wieder zu verzeihen? Trotzdem sollten wir es immer wieder versuchen. Es ist nicht unter der Würde eines Menschen, sich mit dem anderen zu versöhnen – und dabei sogar den ersten Schritt zu tun!
Ganz im Gegenteil: Nur derjenige, der imstande ist, seinem Mitmenschen zu verzeihen, ist auch fähig, ihn zu lieben. Man kann dies mit dem amerikanischen

Negergeistlichen Martin Luther King (1929–1968) auch so ausdrücken: „Wer unfähig ist zum Verzeihen, ist auch unfähig zur Liebe." Was das nun konkret für das Zusammenleben in einer Familie bedeutet, davon soll in diesem Kapitel die Rede sein.

Verzeihung nicht zu lange vorenthalten

Hier zunächst wieder ein Beispiel: Barbara, sonst recht vergnügt und lebhaft, schlich still und gedrückt durch die Wohnung ihrer Eltern. Was war nur geschehen? Die Zehnjährige hatte beim Spielen ihrer Mutter eine recht patzige und verletzende Antwort gegeben. Sie wollte sich dann später dafür entschuldigen, aber da hatte die Mutter gesagt: „Damit ist es auch nicht getan – so schnell kann ich nicht wieder gut sein!"

Das Verhalten von Barbaras Mutter ist hart, um nicht zu sagen grausam. Sicher gehört die Mutter nicht zu den Menschen, die ein natürliches Talent zum Verzeihen haben und die nach einer Entschuldigung schnell wieder versöhnt sind. Dennoch sollte sie es fertigbringen, ihren Groll rasch zu überwinden und das „Es-tut-mir-leid" ihrer Tochter anzunehmen.

Was immer auch geschehen ist: Man muß dem Kind verzeihen können. Denn erst dadurch wird das alte Vertrauensverhältnis und das gute Familienklima wiederhergestellt. Nichts wünscht ein Kind sehnlicher, als daß die Mutter – daß der Vater – „wieder gut" ist, daß ein liebes Wort, ein Kuß oder ein zärtlicher Händedruck alles Trennende wieder forträumt.

Ein Kind braucht ständig das Gefühl der Geborgenheit. Das heißt, es muß der vorbehaltlosen und uneingeschränkten Liebe seiner Eltern jederzeit sicher sein können. Aus dieser tiefwurzelnden Geborgenheit erwächst nämlich sein Mut, das Leben zu bewältigen und sich an die Ordnung zu gewöhnen, in die es hineingeboren worden ist. Ohne diese Sicherheit innerhalb der Familie kann kein Kind gesund und glücklich aufwachsen.

Jedes Kind ist erfahrungsgemäß bereit, eine Strafe hinzunehmen – aber dann muß auch alles „wieder gut" sein, und die Sonne muß wieder scheinen. Wird ihm die Verzeihung zu lange vorenthalten, so gerät seine ganze Welt aus den Fugen. Es wird zum Beispiel leicht bockig und aufsässig, und die reuige Stimmung schlägt samt allen guten Vorsätzen schnell in Trotz und Widersetzlichkeit um.

Auch bei schweren „Vergehen" sollte jeder Erwachsene sich mit einer einsichtigen Entschuldigung des Kindes begnügen und so schnell wie möglich „wieder gut" sein. Es darf kein Nachtragen mehr geben. Es ist unsinnig, wenn Eltern ihrem Kind nach einer „Bosheit" sagen: „Das kannst du nie wieder gutmachen – ebensowenig wie man eine zerbrochene Tasse wieder heil machen kann!"

Ein Sohn kehrt reumütig nach Hause zurück

Jesus hat uns einmal eine Geschichte erzählt (Lk 15,11 ff.), die sich sehr modern anhört und die deutlich macht, wie richtiges Verzeihen Kindern gegenüber aussehen sollte.

Ein Mann hatte zwei Söhne. Der jüngere ließ sich vom Vater die Hälfte des Vermögens geben und zog in die Fremde. Doch bald hatte er alles ausgegeben und mußte hungern. Er wurde ein Schweinehirt, aber er hatte noch weniger zu essen als seine Schweine.

Da dachte er an seinen Vater. Und er sagte zu sich selbst: „Ich will zurück zu meinem Vater gehen. Ich will sagen: Vater, ich war schlecht gegen dich. Ich habe dich beleidigt. Ich bin nicht mehr dein Sohn, ich bin viel zu schlecht! Aber vielleicht hast du Arbeit für mich, daß ich hier wenigstens mein Brot verdienen kann."

Und so ging der Sohn zurück zu seinem Vater. Der Vater sah ihn schon von weitem kommen. Sofort vergaß er alles Schlechte, was der Sohn ihm getan hatte, fiel ihm vor Freude um den Hals und küßte ihn.

Zu den Knechten sprach der Vater: „Holt meinem Sohn schnell einen neuen Anzug! Gebt ihm auch Schuhe und einen goldenen Ring! Und dann schlachtet ein fettes Kalb! Wir wollen zusammen essen und uns richtig freuen! Denn mein Sohn war für mich tot, und jetzt lebt er wieder, er war verloren, doch ich habe ihn wiedergefunden!"

Und so feierten sie miteinander ein großes und fröhliches Fest . . .

Dieses „Gleichnis vom verlorenen Sohn", das ja viel eher die „Geschichte des gütigen Vaters" ist, hat schon viele verärgert. Sie empfinden es im höchsten Grade als ungerecht, wie da ein lockerer Geselle bei seinem Vater Verzeihung findet. Sie sind der weitverbreiteten Meinung: „Strafe muß sein" und halten eine solche Güte für Nachlässigkeit. Sie wettern gegen die „weiche Welle" und verlangen ein hartes Durchgreifen. Doch sie übersehen dabei, daß die unverständliche Güte und Nachsicht des Vaters in jener Geschichte kein Gutheißen all dessen ist, was der Sohn getrieben hat, sondern nur die Zusage eines neuen Beginns sein will.

Gerade diese Zusage ist es, die den Weg zueinander offenhält. Solange Kinder wissen, daß es einen Ort gibt, zu dem sie heimkommen können, und solange Eltern die Türe geöffnet halten, solange ist für eine Familie die Liebe kein leeres Gerede – wie das ein zwölfjähriger Berliner Hauptschüler in einer geradezu klassischen Formulierung einmal ausgedrückt hat: „Familie ist dort, wo man, wenn man etwas ausgefressen hat, nicht hinausgeworfen wird." Diese Aussage ist weit klarer, schöner und eindrucksvoller als viele andere Definitionen des Begriffes „Familie".

Liebe vermag alles Geschehene zu überwinden

Die Erzählung Jesu vom verlorenen Sohn und seinem guten Vater zeigt sehr schön, daß zu jedem Versagen eines Kindes das Verzeihen durch seine Eltern gehört, daß Mutter- und Vaterliebe alles Geschehene zu überwinden vermag. Es mag noch so schlimm sein, was ein Kind angestellt hat: Es ist deshalb weder verstoßen noch verdammt. Die Eltern mögen es nach wie vor.

Die verzeihende Liebe der Eltern ist gleichzeitig ein Gleichnis für die verzeihende Liebe, die Gott den Menschen entgegenbringt. Und wenn Kinder bei ihren Eltern erlebt haben: „Wer liebt, der verzeiht", dann können sie auch glauben, daß Gott verzeiht, weil er liebt, und liebt, weil er verzeiht. Dann wissen die Kinder, an ihren Eltern erlebt, für ihr ganzes Leben: Der gütige Gott liebt mich und vergibt mir, wenn ich etwas Unrechtes getan habe.

Wenn Jungen und Mädchen von klein auf in diese Haltung hineinwachsen, gewinnen sie ganz allmählich einen Zugang zum christlichen Glauben. Mit der Zeit werden sie dann auch – natürlich immer orientiert am Vorbild ihrer Eltern und Erzieher – lernen, wie sich ein Christ verhält, wenn er Fehler begangen und Unrecht getan hat. Und sie werden schon früh begreifen, daß die Versöhnung unter den Menschen eine wichtige Voraussetzung für die Vergebung Gottes ist.

Damit ist dann auch schon das Fundament gelegt für eine gute und solide Buß- und Beichterziehung. (Mehr darüber im 14. Kapitel: „Bevor ich mich zur Ruh' begeb' . . .") Für viele steht ja das Bußsakrament noch immer unter einem negativen Vorzeichen, und das liegt nicht zuletzt an der Art, wie man als kleines Kind darauf vorbereitet wurde. Kinder, die bei ihren Eltern die Wohltat der Verzeihung erlebt haben und immer wieder erleben, werden im Bußsakrament weniger eine Art „Gerichtsakt" sehen, sondern vielmehr eine Möglichkeit, begangenes Unrecht mit Gott wieder in Ordnung zu bringen.

Auch Eltern sollten um Verzeihung bitten

Ein abschließender Gedanke: Eltern sollten nicht nur das rechte Verzeihen ihren Kindern gegenüber üben; sie sollten auch für die Fehler, die sie selbst machen, ihre Kinder um Verzeihung bitten. Ich erinnere mich da an ein „Gespräch mit einem Kind" aus dem Amerikanischen. Darin spricht ein Vater folgendermaßen zu seinem zehnjährigen Sohn:

„Höre, mein Sohn, ich sage das, während du daliegst und schläfst. Ich habe mich allein in dein Zimmer gestohlen. Schuldbewußt komme ich an dein Bett und bitte dich um Verzeihung. Ja, ich war häßlich zu dir. Ich schalt dich, als du dich für die Schule fertig machtest, weil du dir nur eben mit einem nassen

Handtuch übers Gesicht fuhrst. Ich stellte dich zur Rede, weil du deine Schuhe nicht geputzt hattest. Beim Frühstück hatte ich schon wieder etwas an dir auszusetzen . . . Und als du dich auf den Weg zur Schule machtest, drehtest du dich um und winktest mir mit der Hand zu und riefst: ‚Auf Wiedersehen, Vati!' Und ich runzelte die Stirn und rief zurück: ‚Junge, halte dich gerade! Nimm die Schultern zurück!' . . .
Was hatte nur die Gewohnheit aus mir gemacht? Die Gewohnheit, einen Fehler zu entdecken und zu tadeln. Nicht, daß ich dich nicht lieb gehabt hätte, ich verlangte nur zu viel von deiner Jugend. Ich maß dich mit dem Maßstab meiner eigenen Jahre. Aber morgen werde ich dir ein richtiger Vater sein. Ich will mit dir herumtollen, leiden, wenn du leidest, und lachen, wenn du lachst. Ich will auf die Zunge beißen, wenn ungeduldige Worte kommen . . ."
Ob es solche Zwiegespräche auch bei uns gibt? Ich möchte es wünschen, gerade in der heutigen Zeit. Denn wie wollen Eltern und Kinder sonst miteinander auskommen, ohne diese stillen und heimlichen Einsichten?!

10 Wir feiern in der Familie

Religiöse Festtage werden heute vielfach zweckentfremdet

Ein Leben ohne Feste und Feiern – wie sähe das aus? Wir alle wissen, wie wichtig Feste besonders für eine Familie sind. Feste unterbrechen den – bisweilen eintönigen – Ablauf des Alltags und der Arbeit. Sie schaffen einen Ausgleich und eine Abwechslung für Eltern und Kinder.
Feste sind Höhepunkte, ja Glanzpunkte im Leben einer Familie. Von ihnen kann eine lebendige und erfrischende Kraft, Freude, Heiterkeit und ein wohltuendes Gelöstsein ausgehen. Doch auch Besinnung, Rückerinnerung und Dankbarkeit können für jeden einzelnen mit einem Fest verbunden sein.
Besonders Kinder – und hier vor allem die kleineren – freuen sich, wenn ihre Eltern mit ihnen ein schönes Fest feiern. Leider aber haben heute manche Familien verlernt, Feste richtig und angemessen zu feiern. Denken wir nur an Feste wie Silvester, Fasching, Geburtstag (der Kinder, der Eltern, der Großeltern) oder an den Muttertag . . .

Wie der Verweltlichung religiöser Feste entgegenwirken?

Gleiches gilt für die religiösen Feste: Advent, Nikolaus, Weihnachten, Dreikönig, Ostern, Taufe, Erstkommunion (siehe das 15. Kapitel!), Pfingsten, Martinstag usw. Diese Festtage werden heutzutage vielfach zweckentfremdet. Sie sind zu Urlaubs- und Vergnügungstagen geworden – ohne Sinnbeziehung auf den eigentlichen Festgedanken: Weihnachten ist das Fest der Skiläufer, Ostern das Fest der Frühlingsfahrten und Pfingsten das Fest der ersten Badeausflüge. Nicht selten wird heute das religiöse Brauchtum als ein Überbleibsel vergangener Tage angesehen und sogar belächelt. Man findet oft den wesentlichen Sinn des Festes nicht mehr und weiß gar nicht, was und warum man da überhaupt feiern soll. Mit anderen Worten: Das religiöse Verständnis der Feste und

Bräuche versandet immer mehr. Und das sieht dann so aus: Aus dem heiligen Nikolaus wird ein Weihnachtsmann oder sogar ein „Väterchen Frost". Aus dem Adventskalender wird ein Werbeträger, der bereits die kleinen Kinder auf Konsum trimmen soll. Und aus den Weihnachtsgeschenken als Zeichen großer Freude über die Geburt Christi wird eine reine Geschäftemacherei.
Christliche Eltern haben hier eine ganz große Aufgabe. Sie sollten der Verweltlichung der religiösen Feste in ihrer Familie kraftvoll entgegenwirken. Wer als Schwimmer im Strom in einen Strudel zu geraten droht, kann sich nur retten, wenn er kraftvoll und mutig schwimmt. Wenn es sein muß auch gegen den Strom.
Das heißt: Vater und Mutter sollten den ursprünglichen Sinn religiöser Feste in ihrer Familie wieder sichtbar machen. Viele werden jetzt fragen: Aber wie nur? Es ist wirklich nicht schwierig, das Besondere, das Christliche dieser Tage auch im häuslichen Leben zum Ausdruck zu bringen.

Richtig feiern – aufgezeigt am Beispiel Ostern

Nehmen wir als Beispiel einmal die Osterzeit. Am Palmsonntag bringen die Eltern vielleicht einen Palmzweig aus der Kirche mit. Zu Hause erzählen sie ihren Jungen und Mädchen, wie Jesus in Jerusalem einzog und wie die Kinder „Hoch! Hoch!" riefen und ihm Blumen zuwarfen. Kinder im Kindergartenalter werden diese Geschichte bereits verstehen können.
Am Gründonnerstag kann in der Familie irgendwie das Abendessen hervorgehoben werden. Es ist ja die Erinnerung an das Abendmahl des Herrn mit seinen Jüngern. Tags darauf – am Karfreitag – brennt vielleicht vor dem Kreuz eine Kerze. Alles könnte an diesem Tag – dem Sterbetag Christi – stiller sein als sonst. Auch die Mahlzeiten sind – evtl. schon die ganze Woche über – einfacher als gewöhnlich.
Um so schöner ist dann der reichgedeckte österliche Frühstückstisch. Frühlingsblumen, einfache Tischkärtchen aus Papier oder leichtem Karton und bunte Eier geben ihm sein „Gesicht". So ist es eben nur an Ostern. Auch brennen auf dem Tisch schönverzierte Kerzen, wenn möglich die Taufkerzen der Kinder.
Dabei können die Eltern ihren Kindern erzählen, wie in der Osternacht die Osterkerze – die in vielfältiger Hinsicht ein Bild für Christus ist – in die dunkle Kirche getragen wurde und wie an ihrem Licht die anderen Kerzen alle entzündet wurden. Das ist eine Erinnerung an die Taufe.
Ostern und Taufe gehören nämlich zusammen: Jesus wurde an Ostern zum Leben erweckt; an diesem Leben erhalten wir Anteil in der Taufe. Und weil dies so ist, darum ist es auch in vielen Pfarrgemeinden üblich, daß in der

Osternacht die hl. Taufe gespendet wird. Davon werden die Eltern dann ihren Kindern erzählen.
So also sieht der Sinn des Osterfestes aus. Alles andere ist dann fröhliches Beiwerk, das nicht fehlen sollte: das Eierausblasen, das Eierfärben in der Woche vor Ostern, das Anbringen von Aufschriften und Ornamenten auf den Eiern, das Singen und Erzählen beim Färben und Beschriften, das Eiersuchen (in der Wohnung, im Garten, im Park . . .), der Osterspaziergang, das Osterfeuer usw.
Auch der Osterhase („Mümmelmann“) darf sein und getrost in der Phantasie der drei-, vier-, fünf- und sechsjährigen Kinder herumhoppeln. Dieser alte Frühlingsbote hat aber mit dem eigentlichen Sinn des Osterfestes nichts zu tun. Er kann ihn darum auch nicht verfälschen. Der Osterhase und seine bunten Eier machen den Kindern einfach Spaß.

Nicht lästige Pflicht, sondern reine Freude

Soviel zum Osterfest. Die wenigen Anregungen sind nur ein Beispiel dafür, wie christliche Eltern mit ihren Kindern religiöse Feste feiern können. Eines aber ist sicher nach dem Gesagten bereits spürbar geworden: Feste feiern – das ist niemals lästige Pflicht, das ist vielmehr reine Freude.
Unter diesem Gesichtspunkt sind auch die Geschenke zu sehen, die wir uns geben – zum Beispiel an Weihnachten. Kommen diese Geschenke vom Christkind? Nein, die Wahrheit ist viel schöner: Wir freuen uns über die Geburt Christi in Betlehem. Und aus Freude über dieses Gottesgeschenk beschenken wir uns gegenseitig. Das verstehen auch Kinder.
Darüber hinaus öffnet dieser Gedanke auch den Kindern die Möglichkeit, ihre eigene Freude durch kleine Geschenke (an ihre Eltern, aber auch an andere) zu zeigen. Es scheint mir geradezu eine christliche Umkehr zu sein, die Kinder von dem „Was bekomme ich?“ zu erlösen und ihnen das Schenken, das Teilen, näherzubringen.
In diesem Sinne schreiben auch Elisabeth und Willi Fährmann in ihrem Buch „Kinderfeste im Kirchenjahr“ (Echter Verlag, Würzburg 1973, S. 28): „Es wäre gar nicht so übel, wenn die Kinder im Tun lernten, sich nicht selber in den Mittelpunkt zu stellen. Wenn sie erfahren würden, daß das Schenken mindestens ebensoviel Freude macht wie das Beschenktwerden. Wenn sie im Handeln erfahren, daß es zunächst einmal um den anderen geht.“
Wir erkennen, daß wir mehr zu bieten und zu entdecken haben, als uns im allgemeinen bewußt ist, mehr als Rummel und Rausch und Konsum: Sinn nämlich. Und um diesen Sinn sollten sich Eltern bei der religiösen Erziehung ihrer Kinder immer wieder bemühen.

11 Vorurteile abbauen – Freundschaften schließen!

Feste mit ausländischen Kindern können Brücken zum besseren Verstehen schlagen

Eine im Rheinland durchgeführte Befragung von mehreren hundert hier geborenen Kindern ausländischer Eltern über ihre Empfindungen gegenüber ihrer deutschen Umwelt hat ergeben, daß sie zu über 80 Prozent vor allem ein Gefühl bewegt: Angst. Die Kinder fühlen sich nicht nur abgelehnt, isoliert und vernachlässigt, nein: Sie haben Angst vor uns „Deutschen".

Das ist ein erschreckendes Ergebnis, das uns zutiefst bewegen und beschämen sollte. Leider erlebt man es heute immer häufiger, daß Ausländer – Erwachsene wie Kinder – beschimpft, verachtet, ja verstoßen werden. Man ist erschrokken, wie klischeehaft und stereotyp in deutschen Familien über Ausländer geurteilt und gesprochen wird.

Haben nicht in dieser Situation vor allem wir Christen eine besondere Aufgabe? Müßte sich nicht eine ganz neue Haltung entwickeln gegenüber den Menschen, die unsere Nächsten, unsere Nachbarn sind? Wie heißt es doch so schön in dem „Rappelkistenlied":

Jeder muß arbeiten, jeder hat Durst,
ob Grieche, ob Deutscher, ob Türke ist Wurst.
Im Grunde ist jeder wie ich und du.
Wer anders ist, gehört auch dazu.

Ein wertvoller Beitrag zur religiösen Erziehung

Gerade christlichen Eltern sollte es ein großes Anliegen sein, daß wieder bessere Verhältnisse geschaffen werden, daß ausländische Kinder keine Angst

mehr haben müssen – weder vor ihnen noch vor ihren Kindern. Vorurteile abbauen, Verständnis anbahnen, Bekanntschaften schließen – das müßte das Ziel aller Bemühungen sein.
Wie wäre es, wenn Eltern es nicht nur duldeten, daß ihre Kinder mit ausländischen Jungen und Mädchen spielen, sondern wenn sie solche Freundschaften sogar aktiv fördern würden – zum Beispiel durch Einladungen und gemeinsame Feste! Das wäre ein sehr wertvoller Beitrag zur religiösen Erziehung in der Familie. Dazu im folgenden ein paar Anregungen.
Zunächst gehört ein Fest mit ausländischen Kindern ein wenig vorbereitet. Als erstes gilt es, die Einladungen zu schreiben. Diese sollten so einfach wie möglich gehalten werden, damit die Kinder – unter denen vielleicht Italiener, Spanier, Jugoslawen, Portugiesen oder Türken sind – sie gut verstehen können.
Dann gehört zu den Vorbereitungen, daß die gastgebende Familie viel Raum zum Spielen schafft und alle störenden Dinge wegräumt. Der Spielraum kann mit Fotos, Abbildungen aus Illustrierten, Plakaten und Reiseprospekten illustriert werden, um während des Festes leichter Fragen beantworten und anschaulich erzählen zu können. Gleich neben der Eingangstür wird ein großes Papierviereck angebracht, auf das alle Kinder in ihrer Sprache Begrüßungsworte aufschreiben oder einfach auch ihre Freude mit Malereien zum Ausdruck bringen dürfen.
Für Essen und Trinken wird die Mutter liebevoll sorgen. Vielleicht backt sie einen schönen Schokoladenkuchen, um sicher zu gehen, daß alle Kinder herzhaft zugreifen. Schokolade essen nämlich alle Kinder gern, gleich, ob sie aus Italien, Griechenland, Spanien, Frankreich oder Jugoslawien kommen. Evtl. steht auch eine Schale mit Obst (Apfelsinen, Mandarinen, Äpfel, Bananen, Ananas . . .) bereit – geschmückt mit Fähnchen aus den Ländern, aus denen das Obst kommt.

Miteinander singen, sprechen, spielen und gewinnen!

Nun kann das Fest beginnen. Scheu und Minderwertigkeitsgefühle werden mit Hilfe von Verkleidungen schnell überwunden, Überheblichkeit durch das Rollenspiel: Wie kann man sich im Ausland verständigen, wenn man die Sprache nicht beherrscht? Die entsprechenden Pantomimen werden sicher sehr lustig ausfallen, und man braucht nicht länger die Stimmung der Kinder anzukurbeln.
Schön ist es, wenn im Laufe des Festes die kleinen Ausländer ein wenig von ihrer Heimat berichten; wenn sie erzählen, wie sie nach Deutschland gekommen sind, welche Besonderheiten ihnen da auffielen, was sie prima finden und

was weniger nett ist. Vielleicht ist es möglich, miteinander ein paar Lieder zu singen oder einige Reime und Spielverse zu sprechen.
Im Mittelpunkt des Festes stehen natürlich schöne Spiele. Bei Wettspielen werden Eltern darauf achten, daß für alle Kinder kleine Gewinne bereitliegen; denn die Erfahrung von Glück oder Pech ist von Kindern – je nach ihrer sozialen Herkunft – unterschiedlich schwer zu verarbeiten. Geeignete Gewinne sind Farbstifte, Radiergummis, Bleistiftanspitzer, kleine Bälle, Miniaturfahrzeuge usw.
Da die Sprachkenntnisse der ausländischen Gäste sehr variieren, sind Spiele, die keine große Erklärung brauchen und leicht nachgemacht werden können, am besten. Dazu zählen zum Beispiel Geschicklichkeitsspiele: Äpfel mit dem Mund aus einer Wasserschüssel fischen, eine Erbse mit der Nase durchs Zimmer rollen, Bälle in einen Eimer werfen, über Dosen laufen, mit zusammengebundenen Beinen hüpfen usw.
Interessant sind auch Spiele mit Streichhölzern: Der Spielleiter nimmt sich 6 Hölzer, die er hinter seinem Rücken auf beide Hände verteilt. Entweder alle sechs oder fünf oder vier . . . oder keines kommen in die rechte Hand, die dann geballt auf den Tisch gelegt wird. Nun wird reihum geschätzt, wie viele Streichhölzer in der Hand sind. Wer das Wort für die Zahl nicht kennt, streckt entsprechend viele Finger hoch. Derjenige, der richtig geraten hat, darf sich eine Kleinigkeit als Gewinn holen.
Ein gutes Spiel, um miteinander in Kontakt zu treten und sich schneller kennenzulernen, ist für Kinder das Figurenwerfen: Ein Kind faßt ein anderes an die Hand. Beide drehen sich ein paarmal herum. Dann läßt das Kind, das sich um die eigene Achse dreht, das andere Kind los. Dieses versucht in der Stellung zu bleiben, in der es weggeschleudert wurde.
Es gibt noch eine abgewandelte Möglichkeit: Alle Kinder rennen in eine bestimmte Richtung, und einer ruft plötzlich „stop". („Stop" ist ein Wort, das in allen Sprachen verstanden wird.) Sofort müssen alle Kinder stehen bleiben – und zwar in der Haltung, die sie gerade einnehmen.
So gibt es eine Unzahl von Spielen, die am Festtag gespielt werden können. Einige spielt man am besten in der Wohnung: einfache Kartenspiele, Pfandspiele, Brettspiele, Steckspiele, Ratespiele oder Faltspiele. Andere eignen sich mehr für den Garten: Ballspiele, Fangspiele, Versteckspiele, Hüpfspiele, Laufspiele usw. Wieder andere kann man draußen und drinnen vornehmen, zum Beispiel das Strohhalm-Spiel: Mit einem Strohhalm werden Papierschnitzel angesaugt und im Wettlauf von einem Eimer in einen anderen transportiert. Oder ein Spiel mit Bierdeckeln: Man zeichnet auf ein großes Blatt oder den Fußboden Figuren. Jedes Kind wirft von einer Linie aus auf „seine" Figur, die möglichst vollständig mit Bierdeckeln zugedeckt werden muß.

Wer mit ausländischen Kindern ein Fest feiert, sollte sich aber auch für die Spiele interessieren, die diese aus ihrer Heimat mit nach Deutschland gebracht haben. Solche Spiele werden auch den deutschen Kindern viel Freude und Vergnügen bereiten.
Der kleine Manuelito aus Spanien spielt zum Beispiel am liebsten: Lapislazuli. Für dieses Spiel braucht man eigentlich 20 größere und 3 kleinere Flußkiesel, einen großen Bergstein und 4 Mokassins. Da wohl die meisten Familien über dieses Material nicht verfügen, nimmt man stattdessen am besten Knöpfe in entsprechender Größe und 4 Hausschuhe. Dann geht es los:

Zwei gleichstarke Parteien setzen sich einander gegenüber. Zwischen ihnen ist das Spielfeld. Der erste Spieler versteckt 3 kleinere und 1 großen Knopf unter den umgedrehten Hausschuhen. Der ihm gegenübersitzende Spieler der anderen Partei muß sich solange umdrehen. Dann soll er raten, unter welchem Schuh der große Knopf steckt. Bekommt er es heraus, erhält seine Partei einen kleinen Knopf; sonst bekommt ihn die Gegenpartei. Sieger ist die Mannschaft, die am Ende die meisten Knöpfe besitzt.

„Flußgeist" heißt ein Spiel, das den Kindern in der Türkei sehr viel Spaß macht. Flußgeister – so berichtet eine alte türkische Sage – leben im Fluß und lauern darauf, Menschen ins Wasser zu ziehen. Daraus entstand dann dieses Spiel:

In der Wohnung oder im Freien wird ein 5 m breiter Fluß mit Schnüren abgegrenzt. Auf beiden Uferseiten stehen sich die Kinder gegenüber. In der Mitte befindet sich der Flußgeist, der den Fluß nicht verlassen darf, aber die Kinder durch Winken hereinlockt. Das Kind, dem er zugewinkt hat, gibt seinem Partner auf der anderen Flußseite ein Zeichen und rennt los, um mit ihm den Platz zu tauschen. Wer beim Überqueren des Flusses gefangen wird, muß der nächste Flußgeist sein.

In Griechenland beliebt ist das „Scheibenstechen": Ein großes Blatt Papier wird in 10 Sektoren gleicher Größe eingeteilt, die mit den Zahlen 1 bis 10 bezeichnet werden. Einem Kind nach dem anderen werden die Augen verbunden, und jedes muß mit einem Stock auf das Papier tippen. Die Zahl in dem getroffenen Stück wird aufgeschrieben, und wer die höchste Zahl getippt hat, ist der Sieger.

Aus Osteuropa schließlich kommt der „Kreuzelsprung". Zu diesem Spiel braucht man eine mit Packpapier abgedeckte Wand und Kreide. Jedes Kind versucht nun mit emporgereckten Armen so hoch wie möglich zu springen und das Packpapier mit einem Kreidestrich zu versehen. Wer den höchsten Strich gezogen hat, ist Sieger. Klar, daß bei diesem Spiel die Kinder etwa die gleiche Größe haben sollten.

Es gibt also Möglichkeiten über Möglichkeiten, um miteinander schöne – deutsche wie ausländische – Spiele zu machen. Vielleicht haben die gastgebenden Eltern auch ein paar Platten mit Volks- und Kinderliedern aus den Nachbarländern zur Verfügung, nach denen die Kinder ein wenig tanzen oder auch nur im Zimmer herumhüpfen können. Wer keine Schallplatten dieser Art hat, kann sie in jedem guten Musikgeschäft erwerben.
Nett ist es, wenn zum Abschluß des Festes für jedes Kind ein kleines Geschenk an einer Schnur aufgehängt wird, das es mit verbundenen Augen abschneiden muß. Ich bin sicher, daß die kleinen Ausländer frohen Herzens den Heimweg antreten und vor einer solchen deutschen Familie nie Angst haben werden.

12 Spiel und Spaß mit behinderten Kindern!

Feste und gelegentliche Einladungen sind ein Beitrag zur religiösen Erziehung

Wieviele behinderte Kinder gibt es, die sich danach sehnen, mit gesunden Kindern in Kontakt zu kommen und mit ihnen zu spielen! Eltern von gesunden Kindern sollten es sich darum zur Aufgabe machen, immer wieder behinderte Kinder – aus der Nachbarschaft, im näheren Wohnbereich . . . – in ihre Familie einzuladen und mit ihnen schöne Spiele zu machen.
Zahlreiche Eltern werden sich scheuen, solche Einladungen auszusprechen, weil sie sich unsicher fühlen. Sie wissen nicht, was man und wie man mit behinderten Kindern spielen kann. Dabei ist alles im Grunde so einfach. Es kommt nur auf den Anfang an. Hier ein paar Anregungen.

Spiele mit körperbehinderten Kindern

Wichtig ist, daß die Spiele je nach Behinderung der Kinder ausgewählt werden. Für die Gruppe der *körperbehinderten Kinder* (die geistig völlig normal sind!) bedeutet das, daß die Spiele motorisch sehr einfach, aber geistig – dem Alter entsprechend – anspruchsvoll sein müssen. Infrage kommen zum Beispiel Spiele wie Memory, Domino oder Lotto.
Viel Freude bereitet den Kindern das Spiel „Der letzte Zug": Dafür werden Streichhölzer in 3 Blöcken untereinander auf einen Tisch oder auf den Boden gelegt. Im ersten Block sind 4 Streichhölzer, im zweiten 5 und im dritten 7. Jedes Kind darf so viele Streichhölzer wegnehmen, wie es will – allerdings immer nur aus einem Block. Wer das letzte Streichholz nehmen muß, ist der Verlierer.

Gut geeignet sind auch Kimspiele. Bei diesen geht es darum, sich aus einer verschieden großen Anzahl kleinerer Gegenstände nach kurzer Betrachtungszeit möglichst viele zu merken. Die Dinge – Bleistifte, Radiergummi, Spielzeug, Obst, Streichholzschachteln usw. – werden den Kindern drei Minuten auf einem Tablett gezeigt. Dann wird das Tablett hinausgetragen, und die Spieler werden befragt.
Kimspiele können auf jede Weise abgewandelt werden. Zum Beispiel zum Farben-Kim: Es muß ein verschwundenes Farbblättchen genannt werden! – Die kleineren Kinder raten gern Geschenke: Ich kaufe eine Quietsch-Ente – für wen wohl? Für ein Baby. Eine Handtasche? Für Mutti. Einen Wanderstock? Für Vati!
Sind die Kinder im Schulalter, so kann man sie versteckte Wörter suchen lassen: Ein Mitspieler nennt ein nicht zu langes Wort; die anderen versuchen herauszufinden, wieviele Wörter in diesem Wort versteckt sind. Ein Beispiel: In dem Wort Gardine sind u. a. versteckt: Garn, Rand, Rinde, Rang, Ring, Dinge, Inge, Neid, Eid, Ei, Rad, Adler, Ire, Gier.
Ein anderes Spiel mit Worten ist die Schnellsprech-Olympiade. Alle Spieler müssen in einer Minute so viele gleichlautende Wörter wie möglich sagen. Oder: Wer kann folgendes Gedicht fehlerlos nachsprechen?
„Herr von Hagen,
darf ich's wagen,
Sie zu fragen,
wieviel Kragen,
Sie getragen,
als Sie lagen,
krank am Magen,
in der Hauptstadt Kopenhagen."
Originelle Erlebnisse kommen heraus, wenn ein geflüsterter Satz im Kreis herumwandert: Ein Kind denkt sich einen Satz aus und flüstert ihn seinem Nachbarn ins Ohr. Dieser gibt den Satz – so wie er ihn verstanden hat – flüsternd an seinen Nachbarn weiter . . . usw. Das letzte Kind darf schließlich laut sagen, was es verstanden hat. Meistens hat der Satz mit dem Ausgangssatz nichts mehr zu tun.
Bewegungsspiele kann man mit körperbehinderten Kindern nur bedingt durchführen. Um so besser klappt dafür das sicher allen bekannte Spiel „Ich sehe was, was du nicht siehst". Oder das Nasenraten: Die Kinder verstecken sich hinter Zeitungen, nur ihre Nasen lassen sie durch ein Loch herausschauen. Ein Kind, das draußen wartet, muß raten, wem welche Nase gehört.
Ein Spiel schließlich, bei dem niemand benachteiligt ist, ist das Pustespiel mit vier Eierbechern und zwei Tischtennisbällen: Es gibt zwei Mannschaften; jede

bekommt zwei Eierbecher und einen Tischtennisball. Die zwei Eierbecher werden hintereinander aufgestellt; in den vorderen kommt der Ball. Durch Pusten muß dieser Ball von dem ersten Eierbecher in den zweiten geblasen werden. Fällt er herunter, darf der Spieler den Versuch dreimal wiederholen. Dann kommt der nächste Spieler der Mannschaft dran. Die Mannschaft, die zuerst das aufgestellte Ziel erreicht, hat gewonnen.

Was spielt man mit hörbehinderten Kindern?

Welche Spiele spielt man am besten mit *hörbehinderten Kindern?* Vor allem solche, bei denen nur wenige Worte gehört werden müssen. In Frage kommen Mimikübungen, Konstruktions- oder Geschicklichkeitsspiele. Dabei gilt es natürlich, auf die Entwicklungsstufe der hörbehinderten Kinder Rücksicht zu nehmen.

Geschicklichkeitsspiele kann man gut mit Luftballons durchführen. Alle Kinder bilden zum Beispiel eine Schlange, das heißt: Sie legen sich hintereinander mit dem Rücken auf den Boden und geben den Ballon mit den Füßen nach hinten oder nach vorn weiter. – Oder: Zwei Kinder, Kopf an Kopf liegend, versuchen, sich mit den Füßen einen Luftballon zu rauben. – Oder: Die Kinder schubsen einen Luftballon mit dem Kopf vor sich her. Wer ist als erster am anderen Ende des Zimmers?

Viele Spiele lassen sich auch mit der Zunge machen: Wer kann seine Zunge am weitesten herausstrecken? Wer kann sich das Kinn ablecken? Wer kommt bis an die Nase? Sogar einzelne Kunststücke kann man mit der Zunge machen: Man streckt sie heraus und klappt beide Seiten nach oben. So entsteht ein „Schüppchen“.

Oder ein anderes Spiel: Die Kinder nehmen einen Plastikbecher als Maulkorb, halten ihn an den Mund und saugen die Luft heraus. Dadurch „klebt“ der Becher am Mund, ohne daß die Kinder ihn festhalten müssen. Als „bissige Hunde“ laufen die Jungen und Mädchen auf allen Vieren durch das Zimmer. Wer verliert zuerst den Becher?

Auch Tischfußball ist für hörbehinderte Kinder ein geeignetes Spiel: Zwei Parteien gruppieren sich um einen Tisch, der mitten im Zimmer steht. An den beiden Querseiten des Tisches sind kleine Tore aufgebaut. Nun müssen die beiden Mannschaften versuchen, eine Wattekugel mit Trinkhalmen ins gegnerische Tor zu blasen.

Manche Kinder malen, kleben, drucken oder falten gern. Mit ihnen kann man einige schöne Dinge herstellen: zum Beispiel Bilder aus Papierkügelchen mit einer Nadel, in dunkles Papier gestochene Figuren oder Flugzeuge (Segler, Gleiter, Schwalben usw.) für einen anschließenden Flugwettbewerb.

Was eignet sich für sehbehinderte Kinder?

Wer mit *sehbehinderten Kindern* spielt, muß bedenken, daß von diesen zu große Flächen und Formen nicht erfaßt werden können und daß zu kleine Gegenstände zum Ertasten zu kompliziert sind. Besonders geeignet sind für solche Kinder Spiele, bei denen es etwas zu hören gibt.
Hier gibt es viele Möglichkeiten: Man läßt in eine Blechschüssel eine Nuß, einen Apfel, einen Ball, ein Ei, eine Holzkugel, ein Eisenstückchen rollen. Wer errät den Gegenstand? – Oder: Wer kennt diese Geräusche: Zusammenknüllen einer Zeitung, Klopfen auf Holz, Sägen, Bohren, Plätschern mit Wasser . . .? Mit dem Tonbandgerät können ganze Klanggeschichten vorgespielt werden.
Auch das Nachahmen von Geräuschen macht Kindern viel Freude. Sie entwikkeln dabei mitunter erstaunliche Fähigkeiten. Das gilt für den Ruf des Kukkucks ebenso wie für das Gezwitscher der Grasmücke. Schön ist es, wenn man das Vogelkonzert auf Tonband aufnehmen und dann später abhören kann.
Was kann man noch mit der Stimme machen? Sprechen, schluchzen, singen, jodeln, seufzen, lachen, flüstern, schreien, heulen, rufen, keuchen . . . Mit diesen Lautäußerungen kann man – etwas Phantasie vorausgesetzt – schöne Spiele machen. Zum Beispiel: Ein Teil der Kinder summt oder klatscht Lieder; die anderen müssen erraten, welches Lied gemeint ist.
Auch die beste Spürnase kann gesucht werden: Wer kann Zitronen-, Himbeer-, Orangen- oder Erdbeersaft am Geruch erkennen? Wer kann die verschiedenen Obstsorten auseinanderhalten? Wer riecht Essig, Tinte, Speiseöl, kalten Kaffee, Kaba, Wasser? Beim „Tastspiel“ müssen in ein Säckchen gelegte Spielsachen und Gebrauchsgegenstände ertastet werden.
Schließlich eignen sich alle Spiele, die mit verbundenen Augen gespielt werden, zum Beispiel „Hänschen, piep einmal“ oder das bekannte Topfschlagen, bei dem unter dem Topf irgendein Geschenk versteckt ist. Beliebt ist auch das „Päckchenangeln“: Die Kinder haben eine Schere in der Hand und müssen – mit einer Binde vor den Augen – versuchen, aufgehängte Päckchen von einer Schnur abzuschneiden.

Spiele für geistig behinderte Kinder

Und was spielt man mit *geistig behinderten Kindern?* Die Spiele für sie dürfen nicht nach dem Alter, sondern müssen nach dem Entwicklungsstand ausgesucht werden. Da diese Kinder von Natur aus sehr passiv sind, sollten die Erwachsenen mit ihnen spielen und ihr Interesse durch Geräusche, Farben und Bewegung wecken . . .

Für alle genannten Gruppen gilt, daß es keine allgemeingültigen Spielregeln gibt. Jedes Kind ist anders, reagiert anders und hat andere Bedürfnisse. Wichtig aber bleibt in jedem Fall, daß das behinderte Kind durch die Spiele zu Erfolgserlebnissen geführt wird, daß es seine Gebrechen nicht zu sehr als Behinderung erlebt. Und das gelingt am besten durch das richtig ausgesprochene Lob.

Richtig loben heißt: anerkennen, bestätigen, unterstützen, ermutigen. Etwa so: „Dein geklebtes Bild sieht sehr schön aus. Der Baum hat Äpfel und Blätter, darunter steht eine Bank, und die Sonne auf deinem Bild lacht. Ich glaube, es würde Spaß machen, unter diesem Baum zu sitzen. Es hat bestimmt viel Mühe gemacht, dieses Bild zu kleben."

Das behinderte Kind fühlt, daß seine Mühen in allen Einzelheiten erkannt und gewürdigt werden. Und es zieht daraus den für sein Leben so wichtigen Schluß: „Ich kann etwas. Man nimmt mich an. Man versteht mich. Hier fühle ich mich wohl."

Eltern, die so handeln, tragen mit dazu bei, daß behinderte Kinder ein Leben unter normalen Bedingungen führen können. Diese Kinder sind ja auf ihre Art genauso leistungswillig und -fähig wie andere Menschen auch. Nur darf man sie nicht am harten Konkurrenz- und Leistungsdenken unserer Zeit messen. Man darf sie nicht einem Spielwettbewerb aussetzen, dem sie nicht gewachsen sind.

Aber auch die gesunden Kinder können viel durch den Umgang mit behinderten Jungen und Mädchen lernen! Im gemeinsamen Spiel erfahren sie zum Beispiel, daß bei behinderten Kindern der Mangel auf einem Gebiet oft durch andere Fähigkeiten ausgeglichen wird. Nicht selten haben sich durch Feste und gelegentliche Einladungen echte und herzliche Freundschaften zwischen gesunden und behinderten Kindern entwickelt.

Wenn Mütter und Väter ihren Kindern über Spiel und Spaß den Umgang und die Freundschaft mit behinderten Kindern ermöglichen, tragen sie mehr zur religiösen Erziehung ihrer Jungen und Mädchen bei als vielleicht andere durch viele Worte und kluge Reden.

13 Wie sprechen wir über die Zehn Gebote?

Was für das Gespräch zwischen Eltern und Kindern wichtig ist

„Mutter, sag' mal, was sind eigentlich die Zehn Gebote? Weißt du, wie sie heißen und was sie überhaupt bedeuten?" Frau Wagner war sehr überrascht, als sie diese Frage von ihrer elfjährigen Tochter zu hören bekam. Wann hatte sie selbst nur zum letztenmal von den Zehn Geboten gehört? Seit ihrer Schulzeit hatte sie sich damit nicht mehr beschäftigt.
In ihrer Unsicherheit erwiderte darum Frau Wagner ihrer heranwachsenden Tochter: „Am besten ist, wenn du einmal deinen Religionslehrer danach fragst. Der weiß bestimmt Bescheid. Im Religionsbuch müßten die Zehn Gebote doch eigentlich auch stehen. Oder vielleicht auch im ‚Gotteslob'. Schau doch zuerst mal da nach!"
Vielleicht hätten andere Mütter und Väter in dieser Situation so ähnlich wie Frau Wagner geantwortet. Viele Eltern wissen auf Anhieb keine rechte Antwort, wenn ihre Kinder sie nach den Zehn Geboten fragen. Und was hier von den Zehn Geboten gesagt wird, gilt meistens auch für andere religiöse Fragen der Kinder.
Etliche Eltern stecken einfach in einer Krise. Um da herauszukommen, ist es ganz wichtig, die eigenen Schwierigkeiten mit religiösen Fragen als Aufgabe anzunehmen. Dazu gibt es viele Wege: Gespräche, gute Bücher, Lektüre der Hl. Schrift, Gebet usw. Es kommt im Grunde oft nur auf den Anfang an.
Wer sich ernsthaft darum bemüht, mit diesen Schwierigkeiten fertigzuwerden, wird eines Tages auch wieder imstande sein, mit seinen Kindern über religiöse Fragen zu sprechen. Auf die Dauer können es sich Eltern ja nicht leisten, ihre Kinder mit ihren Problemen und Fragen an die Religionslehrer oder auch an

die Pfarrer zu verweisen, weil diese es besser können als sie selbst. Glaube muß den Kindern vor allem in der Familie begegnen.
In den Ausführungen dieser Schrift wurde wiederholt gesagt: Die grundlegende religiöse Erziehung muß immer noch im Elternhaus geschehen. In der Familie muß über Gott gesprochen werden. Hier nehmen die Kinder am Glauben der Eltern teil. Und das geht nur, wenn der Glaube nicht stumm bleibt, wenn Vater und Mutter mit ihren Jungen und Mädchen über das, was sie glauben, sprechen.
Übertragen auf unser Problem heißt das: Wie können Eltern mit ihren Kindern – besonders wenn diese im Schulalter sind – über die Zehn Gebote sprechen? Wie kann und soll das Gespräch über diesen religiösen Komplex heute geschehen? Dafür soll im folgenden eine Antwort gesucht werden.

Die Zehn Gebote als „Leitpfähle" für unser Leben

Bevor Vater und Mutter auf die Gebote im einzelnen zu sprechen kommen, ist es gut, wenn sie ihren Kindern etwas über den Ursprung der Zehn Gebote erzählen: Gott hat sie dem Volk Israel am Berg Sinai gegeben. Im fünften Kapitel des Buches Deuteronomium, dem fünften Buch des Alten Testaments, kann man dies nachlesen. Weiter werden die Eltern sagen: Die Zehn Gebote galten nicht nur für das Volk Israel damals, sondern sie gelten auch für uns heute. Sie haben für jeden von uns eine große, ja eine fundamentale Bedeutung.
Und worin liegt diese Bedeutung? Die Gebote wollen uns helfen, freier und glücklicher zu leben, d. h. das Leben richtiger und besser zu meistern. Die Gebote sind nicht, wie manche Menschen meinen, eine Last, eine Einengung oder eine Zwangsjacke; sie sind vielmehr wie hilfreiche Worte eines guten Freundes. Und dieser gute Freund ist Gott: Zu ihm kann jeder von uns Vertrauen haben. Er sagt uns verläßlich, was richtig und was falsch ist; er weiß, was gut und böse ist, und deshalb dürfen wir uns an ihn halten.
Kindgemäß werden Eltern ihren Jungen und Mädchen die Bedeutung der Zehn Gebote aufzeigen. Sie werden ihnen die Zehn Gebote schildern als „Leitpfähle" für unser Leben. Und sie können diese Aussage gut veranschaulichen mit den Leitpfählen, die sich an den Straßenrändern befinden und die dem Autofahrer helfen, sich bei schlechter Witterung, etwa bei starkem Nebel, auf der Straße zu orientieren.
Vielleicht kann dieses Gespräch in Kürze so aussehen: „Neulich fuhr ich bei dichtem Nebel auf der Bundesstraße in Richtung . . . Ich mußte etwa 80 Kilometer weit fahren. Durch das Radio kam immer wieder die Warnung für die Autofahrer: ‚Achtung, Nebel, die Sichtweite beträgt nur 20 bis 30 Meter.‘

Ich fuhr ganz langsam. Nur noch an den schwarz-weißen Leitpfählen rechts von der Straße und an der weißgestrichelten Mittellinie auf der Straße konnte ich mich orientieren und vorwärtstasten. – Auch für unser Leben haben wir solche ‚Leitpfähle': Es sind die Zehn Gebote. Sie werden uns helfen, den Weg zu Gott, aber auch den Weg zu den Mitmenschen, leichter zu finden."
So oder ähnlich können Eltern mit ihren Kindern sprechen. Dabei sollte immer deutlich werden, daß die Zehn Gebote die Aufgabe haben, uns auf den richtigen Weg zur Gemeinschaft mit Gott und den Menschen zu führen. Kurzum: Die Zehn Gebote sind hilfreiche Wegweiser zur Gemeinschaft mit Gott und den Mitmenschen.
Die ersten drei Gebote zeigen das Verhältnis des Menschen zu Gott auf, das vierte bis zehnte Gebot beinhaltet das Verhältnis des Menschen zu seinen Mitmenschen. Allerdings ist bei dieser äußerlichen Trennung Vorsicht geboten. Denn wir haben es immer mit Gott zu tun, wenn wir uns mit den Mitmenschen auseinandersetzen. Und auch ein Gottes-Dienst ohne Nächstenliebe ist kein Gottesdienst.

Was Eltern für ihre Gespräche mit den Kindern wissen sollten

Auf diesem gelegten Fundament können dann Eltern mit ihren Kindern die Zehn Gebote im einzelnen durchsprechen. Natürlich werden sie das nicht „an einem Stück" tun, sondern immer wieder, bei der einen oder anderen passenden Gelegenheit, evtl. aufgrund einer gezielten kindlichen Frage . . . Im folgenden sollen dazu ein paar anregende Informationen gegeben werden.
Das erste Gebot heißt „Du sollst keine anderen Götter neben mir haben". Dieses Gebot fordert unseren bedingungslosen Glauben an den einen Gott, der uns erschaffen hat und der uns liebt, wie ein guter Vater und eine gute Mutter ihre Kinder lieben. Gott ist bei uns, er schenkt uns das Leben und beschützt uns, wo immer wir sind. Er will für uns immer das Richtige. Außer ihm gibt es keinen Gott.
Mit dem ersten Gebot hängt das zweite eng zusammen: „Du sollst den Namen Gottes nicht verunehren." Das bedeutet: Wir sollen Gott verehren und seinen Namen nie als Fluch oder Spott aussprechen. Wir dürfen seinen Namen auch nicht für Dinge mißbrauchen, die mit Gott nichts zu tun haben. Leider gebrauchen wir immer wieder Redewendungen, die heutzutage nichts Ernsthaftes mehr von Gott aussagen: „Ach du lieber Gott – In Gottes Namen – Laß dich nicht vom lieben Gott erwischen – Um Gottes willen – Du bist wohl ganz und gar von Gott verlassen."
Das dritte Gebot lautet: „Gedenke, daß du den Sabbat heiligst!" Der Sabbat der Juden ist unser Sonntag. Dieser Tag soll für uns ein Tag der Freude und des

Feierns sein, ein Tag der Ruhe und des Dankes. Besonders das letztere ist wichtig: Wir danken Gott, daß er die Welt und uns erschaffen und erlöst hat, daß er uns liebt. Vor allem tun wir das in der sonntäglichen Eucharistiefeier: „Eucharistie“ heißt ja nichts anderes als „Dank sagen“.

„Du sollst Vater und Mutter ehren.“ Das vierte Gebot sagt, daß wir die Menschen lieben sollen, besonders die Menschen in unserer Nähe – zuallererst unsere Eltern. Vater und Mutter haben uns das Leben geschenkt und sorgen dafür, daß es wächst und gut wird. Sie lieben uns und zeigen uns so die Liebe Gottes.

Die Achtung vor dem Leben ist mit dem fünften Gebot gemeint: „Du sollst nicht töten.“ Alles Leben kommt von Gott, dem Schöpfer. Und darum darf kein Mensch über das Leben bestimmen; kein Mensch darf entscheiden, ob er einem anderen menschlichen Leben oder seinem eigenen ein Ende setzt. Dieses Gebot schließt zudem ein, daß wir anderen Menschen das Leben nicht schwer machen dürfen.

Das sechste und das neunte Gebot sprechen von dem ganz engen Verhältnis zweier Menschen in der Ehe: „Du sollst nicht ehebrechen“ und „Du sollst nicht begehren deines Nächsten Frau“. Die Ehe ist von Gott geschützt. Sie ist dazu da, daß zwei Menschen – Mann und Frau – in Liebe miteinander leben. Sie ist gleichzeitig der Ort, an dem diese Liebe einen Ausdruck in der geschlechtlichen Begegnung findet. Hier geben Mann und Frau auch Leben weiter – und nehmen so teil an der Schöpfung Gottes.

Das Eigentum des anderen Menschen wird im siebten und zehnten Gebot geschützt: „Du sollst nicht stehlen“ und „Du sollst nicht begehren deines Nächsten Hab und Gut“. Das bedeutet: Was nicht mir gehört, darf ich mir auch nicht nehmen. Zugleich ist mit diesem Gebot gemeint, daß wir fremdes Eigentum und gemeinsamen Besitz ordentlich behandeln sollen. „Gib dem, der hungert, von deinem Brot; dem Traurigen aber gib von deinem Herzen!“ sagt ein chinesisches Sprichwort.

Das achte Gebot schließlich heißt: „Du sollst kein falsches Zeugnis geben wider deinen Nächsten.“ Dieses Gebot verbietet Lügen, falsche und böse Reden über andere Menschen, Verleumdungen, Heuchelei und Unehrlichkeit. Oder anders ausgedrückt: Es verlangt von uns Wahrheit und Wahrhaftigkeit. Jesus sagt: „Euer Ja sei ein Ja, euer Nein ein Nein; alles andere ist ein Werk des Bösen.“ (Mt 5, 37)

„Folge Jesus – und dann tu, was du willst!“

Schlicht, einfach und konkret werden Eltern mit ihren Kindern über die einzelnen Gebote sprechen. Gleichzeitig betonen sie, daß Gott der gute Vater ist, der

weiß, was wir können. Er weiß zum Beispiel auch, daß wir oft versagen und immer wieder in Gefahr sind, die Gebote zu verletzen oder zu übertreten. Hauptsache aber ist, daß wir ständig bereit bleiben, uns zu bessern, ihm zu dienen und ihm nachzufolgen.
Mit anderen Worten: Wir können als Christen den Willen Gottes nicht einfach abhaken. Unser ganzes Sinnen und Trachten muß jederzeit das Richtige erspüren. Im Grunde ist die Regel ganz einfach: „Folge Jesus – und dann tu, was du willst!" Dann wirst du erst richtig frei und glücklich. Dann wirst du die Gebote von selbst halten.
Diese Gedanken werden besonders für das Gespräch der Eltern mit heranwachsenden (älteren) Kindern und Jugendlichen wichtig sein. Gerade in der Reifezeit, in der zunächst einmal alles kritisch unter die Lupe genommen wird („Die Zehn Gebote sind doch eine Erfindung des Menschen; sie finden sich als Gesetze in jeder größeren Gemeinschaft" usw.), wird es notwendig sein, auf die Jesus-Nachfolge hinzuweisen.
Das, was jeden von uns – ob jung oder alt, reich oder arm, klein oder groß – formen sollte, ist die Nachfolge Christi. Mit Recht hat der irische Schriftsteller George Bernard Shaw (1856–1950) in diesem Zusammenhang einmal gesagt: „Ich bekenne, daß ich, nachdem ich sechzig Jahre Erde und Menschen studiert habe, keinen anderen Ausweg aus dem Elend der Welt sehe als den von Christus gewiesenen Weg."
Auf der anderen Seite aber gilt auch: Ein Mensch, der Jesus wirklich nachfolgt, nimmt auch die Forderungen Gottes – die Zehn Gebote – für sich an. Wie viele Menschen sind bisher den Weg der Nachfolge Christi und des Gehorsams gegenüber Gottes Willen gegangen und wurden uns dadurch zum Vorbild: von Maria angefangen bis zu den Heiligen unserer Zeit: Theresia von Lisieux, Charles de Foucauld, Maximilian Kolbe, Edith Stein, Johannes XXIII., Mutter Teresa . . .
Bei diesen Gesprächen der Eltern mit ihren Heranwachsenden über die Zehn Gebote wird von Vater und Mutter allerdings viel gefordert: außer der eigenen Auseinandersetzung mit diesen Fragen vor allem viel Geduld, Güte,Offenheit und Wohlwollen! Immer müssen Eltern darauf bedacht sein, daß sie sich weder aus der ruhigen Sachlichkeit noch aus der Haltung der Liebe herausdrängen lassen. Sonst verschließen sich die jungen Menschen von vornherein jeglicher Einsicht.

14 Bevor ich mich zur Ruh' begeb' . . .

Gewissensbildung und Bußerziehung müssen bei Kindern schon frühzeitig beginnen

Wann soll man bei Kindern mit der Gewissensbildung beginnen? Wann ist es an der Zeit, Kinder auf Buße und Beichte vorzubereiten? Diese Fragen, gestellt von Eltern in einem Seminar über Probleme der religiösen Erziehung, lassen sich leicht beantworten: Gewissensbildung sowie Buß- und Beichterziehung (im weitesten Sinne) müssen bereits bei kleinen Kindern einsetzen.
Es hat wenig Sinn, mit der Gewissensbildung und Bußerziehung erst dann zu beginnen, wenn bereits die Möglichkeit zu schwerer Sünde, also zu einer bewußten, willentlichen Abwendung von Gott, gegeben ist. Nein, Kinder müssen schon von klein auf ganz konkret bei ihren Eltern erfahren, wie man sich als Christ verhält, wenn man einen Fehler begangen oder Unrecht getan hat. (Vgl. auch das 9. Kapitel: „Eltern müssen verzeihen können"!)
Gewissensbildung und Bußerziehung bedeuten nicht, daß in erster Linie feste Regeln und Normen an die Kinder herangetragen werden. Sie besagen vielmehr, daß Jungen und Mädchen so früh wie möglich lernen, daß man zu seinen Verfehlungen stehen muß; daß man zugeben muß, wenn man lieblos und egoistisch war; daß man begangenes Unrecht nach Möglichkeit wieder in Ordnung zu bringen hat.

Die zehn Minuten vor dem Einschlafen

Was können Eltern tun, damit ihre Kinder zu Hause solche Erfahrungen machen können? Die beste Zeit, in der Eltern mit ihren Kindern über rechtes und unrechtes Verhalten nachdenken und sprechen können, ist die Zeit vor

dem Einschlafen. Kaum eine Zeit des Tages verbindet die Seele der Kinder mit derjenigen der Eltern so stark wie die zehn Minuten vor der Nachtruhe.
Die Kinder haben die Müdigkeit eines langen und bewegungsreichen Tages hinter sich. Die Mutter hat sie frisch gewaschen und in die schönen, leichten Schlafanzüge gesteckt. Darin fühlen sich die Kleinen pudelwohl. Am liebsten schlagen sie noch ein paar Purzelbäume, bevor sie den Weg ins Bett antreten.
Zwischen Tag und Nacht, zwischen Wachsein und Schlafen, da ist die Seele der Kinder sehr empfänglich. Das sollte kein Vater, keine Mutter übersehen. Untertags in der Senkrechten waren die Kinder groß und frech. Aber abends in der Waagerechten, da sind sie wieder die Kinder ihrer Eltern: lieb, zugänglich, aufnahmefähig – nicht nur für Gutenachtgeschichten und Gutenachtkuß, sondern auch für Gewissenserforschung, Reue und Wiedergutmachung.
Diese schönsten zehn Minuten des Tages – für das Kind, für die Mutter, für den Vater – sollten auch Minuten des Gebetes, des Nachdenkens, des Überblicks, der Versöhnung sein. Ungeheuer ist der Verlust an Gewissensbildung und religiöser Entfaltung, der daraus entsteht, daß Väter und Mütter ihre Kinder abends „marsch, marsch" ins Bett schicken und kaum noch ein gutes und hilfreiches Wort für sie haben.

Sich gegenseitig sein Versagen eingestehen

Welche Geborgenheit wird Kindern geschenkt, wenn Eltern sie jeden Abend in ihr Schlafzimmer bringen und sich ihnen dann ein wenig widmen! Man plaudert noch ein Weilchen zusammen, man macht noch ein Späßchen, man erforscht miteinander sein Gewissen, und man wendet sich vertrauensvoll im Gebet an Gott.
Was die „Gewissenserforschung" angeht, so dürfen Eltern ihrem Kind dabei niemals drohen. Sie muß vielmehr ein erlösender und befreiender Vorgang sein. Vater und Mutter können das Kind zum Beispiel fragen: „Hast du heute etwas getan, was du nicht mehr tun möchtest?" Und dann sagt die Mutter oder der Vater: „Lieber Gott, wie gut, daß du unserem Kind verzeihst. Morgen wird es sich bemühen, ein guter Mensch zu sein."
Hier ist auch der Platz, wo die Eltern selbst ihre Gewissenserforschung machen können. Sie können ihr Kind fragen, ob sie heute lieb zu ihm waren oder ob sie sich manchmal zu ungeduldig oder zu unbeherrscht verhalten haben. War dies der Fall, sollten Vater und Mutter ihr Kind um Verzeihung bitten und ihm sagen, daß sie ihm morgen gute Eltern sein wollen.
Eltern können in diesen Minuten ihr Kind aber auch folgendes fragen: „Waren Vater und Mutter heute lieb zueinander? Oder hast du Angst haben müssen, weil wir uns angeschnauzt haben? Hast du Sorge haben müssen, daß sich deine

Eltern nicht mehr so lieb haben? – Wenn dies so war, dann bitten wir dich um Verzeihung!"
Ein solches Eingeständnis des Versagens, ja der Schuld den eigenen Kindern gegenüber fällt sicher nicht jedem leicht, aber es ist sehr nützlich. Denn Kinder haben einen untrüglichen Sinn für Wahrheit, Gerechtigkeit und Ehrlichkeit. Sie können ihre Eltern auch viel mehr achten und lieben, wenn sie an ihnen Aufrichtigkeit und Wahrhaftigkeit erleben.

Am Abend muß alles wieder gut sein

Es ist so wichtig, daß Eltern immer wieder ihrem Kind verzeihen und daß das Kind stets seinen Eltern verzeiht. Auf dieser Grundlage können sie sich auch leichter gemeinsam an Gott wenden, daß er allen Sündern verzeihe. Jesus hat uns ja im Vaterunser gelehrt, daß Gott eigentlich nur dort verzeihen kann, wo die Menschen einander verzeihen.
Es ist ein ungeheurer Verlust in unserem geistigen Leben, wenn wir die Wucht des Satzes „Vergib uns unsere Schuld, wie auch wir vergeben unseren Schuldigern" nicht mehr empfinden. Wenn ein Mann seiner Frau oder eine Frau ihrem Mann, wenn Vater und Mutter ihren Kindern nicht verziehen haben, wie können sie sich dann wundern, wenn die Kinder ihnen eines Tages alle Fehler und Sünden an den Kopf werfen?
Und – was noch gewichtiger ist: Wie kann Gott denen verzeihen, die nicht einmal in einer guten Abendstunde bereit sind, anderen – ihren Kindern oder ihren Partnern – zu verzeihen?

Auf diesem Fundament läßt sich aufbauen

Eltern, die so mit ihren Kindern umgehen, haben viel für deren Gewissensbildung und Bußerziehung getan. Die Kinder haben von klein auf gelernt, wie man in einer Familie über die Verfehlungen des einzelnen spricht, wie man den anderen um Verzeihung bittet und wie man am besten die – durch Ungehorsam, Ungezogenheit oder andere kindliche Fehler – gestörte Ordnung wiederherstellt.
Diese Jungen und Mädchen haben schon zu einem Zeitpunkt, wo sie selbst noch keine schweren Sünden begehen können, gelernt, daß die Einsicht in das eigene Unrecht, daß Reue, Bitte um Vergebung und Wiedergutmachung natürliche, normale Verhaltensweisen sind. Mit zunehmendem Verständnis werden sie es auch für selbstverständlich halten, daß man sein Verhältnis zu Gott auf die gleiche Weise in Ordnung bringen muß, wenn man es durch eigene Schuld getrübt hat.

IHS

15 Erstkommunion – ein großer Festtag!

Das Kind steht im Mittelpunkt der Gemeinde und der Familie

Die Erstkommunion eines Kindes ist für die Familie ein ganz besonderer Festanlaß. Zum erstenmal in seinem Leben empfängt das Kind die heilige Eucharistie. Es wird mit dem eucharistischen Herrn beschenkt, mit dem Größten, was die Kirche ihren Gläubigen zu geben hat.
Wenn auch das Wort vom „schönsten Tag" des Lebens problematisch ist, weil diesem Tag andere Tage folgen, die vom Kind entscheidender und bewußter erlebt werden, so steckt doch hinter einer solchen Bezeichnung eine wichtige Erfahrung. Am Tage der Erstkommunion (Weißer Sonntag oder ein Sonntag im Mai oder Juni) steht das Kind im Mittelpunkt, und zwar nicht nur im Mittelpunkt der Familie und der Angehörigen, sondern auch der Pfarrgemeinde.
Das Kind steht im Mittelpunkt nicht aufgrund einer besonderen Leistung, die es vollbracht hat, sondern weil es ohne eigenes Verdienst beschenkt wird. Und dieses Geschenk heißt: Das Kind darf am Erstkommuniontag auf eine neue – die innigste – Weise Christus begegnen. Diese Tatsache ist für die betreffende Familie ein Grund zum Feiern, und zwar mit allen, die ein besonderes Interesse an dem Kommunionkind haben.

Es soll ein schöner Tag werden

Sicher werden sich Vater, Mutter, Geschwister und Gäste darum bemühen, dem Erstkommunionkind ein schönes Fest zu bereiten, ein Fest, das auf die Bedürfnisse und Wünsche des Kindes ausgerichtet ist und nicht so sehr auf die der Erwachsenen. Wie der Tag zu einem schönen Fest werden kann, hat einmal ein Vater in einem Brief an sein Erstkommunionkind wie folgt beschrieben:

„Mein lieber Junge!

Ein großes Fest steht nun vor Dir: das Fest Deiner ersten heiligen Kommunion. Es wird bestimmt ein ‚schönes Fest' werden, an das Du Dich auch später noch gern zurückerinnern wirst.
Die Kirche wird an Deinem Festtag gewiß mit Leuten gefüllt sein. Deine Großeltern, Dein Pate, Dein Onkel, Deine Tante und viele Bekannte werden kommen und den Erstkommuniontag mit Dir verbringen. Du stehst an diesem Tag im Mittelpunkt.
Deine Mutter hat Dir für den Festtag einen dunkelblauen Anzug, neue Schuhe und eine schöne Kerze aus reinem Bienenwachs gekauft. Sicher wirst Du auch von Deinen Verwandten und Bekannten Geschenke bekommen und Dich riesig darüber freuen.
Aber ich möchte Dir sagen, daß die schöne Kleidung und die Geschenke nicht das Wichtigste am Erstkommuniontag sind. Sicher, sie gehören wohl dazu und sollten nicht fehlen. Aber das Wichtigste ist, daß Du an diesem Tag Jesus Christus persönlich begegnen, ihn empfangen darfst.
Am Tag Deiner Erstkommunion darfst Du zum erstenmal in der Kirche vom heiligen Brot essen. Jesus Christus schenkt sich Dir in diesem Brot. Er will ganz nahe bei Dir sein. Er ist an diesem Tag Dein kostbarstes Geschenk. Und darüber freut sich mit Dir auch die ganze Gemeinde.
Ich kann mich noch genau an meinen eigenen Erstkommuniontag zurückerinnern. Bis auf den heutigen Tag habe ich erfahren, daß der Umgang mit Jesus Freude bereitet und reicher macht. Ich habe erfahren, daß Jesus ein großer Gewinn in meinem Leben ist. Das gleiche möchte ich auch Dir von ganzem Herzen wünschen.
Du hast Dich auf Deinen Festtag sehr gut und sehr gründlich vorbereitet. In der Religionsstunde und im außerschulischen Vorbereitungsunterricht habt Ihr viel gelernt, gesungen und gespielt. Mit Eurem Pfarrer habt Ihr regelmäßig und ausführlich von der Bedeutung und von der Schönheit des kommenden Festtages gesprochen.
Nun kann das Fest beginnen. Du stehst im Mittelpunkt. Nicht nur im Mittelpunkt unserer Familie und Deiner Verwandten, sondern auch im Mittelpunkt der Gemeinde. Alle in der Kirche werden erfahren und spüren, daß Du von Jesus geliebt wirst. Ist das nicht etwas Schönes?
Zu Hause werden wir dann mit Dir weiterfeiern. Wir wollen uns viel Zeit füreinander nehmen: für ein gutes Essen und für lustige Spiele, Lieder, Geschichten und Sketche. Das macht den großen Leuten ja genauso Freude und Spaß wie Dir.

Auf einen schönen Erstkommuniontag mit Dir freut sich

Dein Vater"

Eltern und Gäste nehmen sich viel Zeit für das Kind

Damit ist – neben dem, was in der Kirche geschieht – eigentlich schon das Wichtigste über den Erstkommuniontag ausgesprochen. Ein paar zusätzliche Anregungen mögen noch dazu beitragen, aus dem Erstkommuniontag wirklich einen schönen und kindgemäßen Tag zu machen.

Wie bei anderen Familienfesten sollte das Erstkommunionkind aktiv in die Überlegungen, Vorbereitungen und Durchführungen „seines" Festes einbezogen werden. So kann es beispielsweise die Gäste – darunter auch seine „besten" Freunde und Spielkameraden – mit einer selbstgemalten Karte persönlich einladen, bunte und lustige Tischkarten entwerfen, hübsche Servietten gestalten, für weitere Tischdekorationen (Taufkerze eingeschlossen) sorgen, Spiele und Lieder festlegen und passende Tischgebete auswählen.

Als Hilfe werden die Eltern, vor allem die Mutter, gern zur Verfügung stehen. Zur Mutter: Sie wird hoffentlich nicht durch tausend Vorbereitungen am Festtag abgeschafft und nervös sein, sondern sich auch genügend ihrem Kommunionkind widmen können. Wenn Vater, Geschwister oder auch eine Tante bzw. Nachbarin tatkräftig (beim Schmücken des Zimmers, beim Decken des Festtisches, beim Fertigstellen des Mittagessens . . .) mithelfen, wird der Erstkommuniontag auch für die Mutter schön sein.

Am Festtag wird es hoffentlich nicht starr, stur und „allzu" gesittet zugehen. Niemand sollte das Erstkommunionkind auf ein bestimmtes „festliches" Verhalten festlegen. Kindgemäß ist das Fest nur dann, wenn sich das Kind ungezwungen und frei von vorprogrammierten Erwartungen der Erwachsenen bewegen kann. Kalte Förmlichkeit ist langweilig.

Besonders schön ist es natürlich, wenn – wie auch der Vater in dem Brief an sein Erstkommunionkind schreibt – sich Eltern und Gäste viel Zeit für das Kind und seine Freunde lassen, wenn sie miteinander lachen, Gesellschaftsspiele machen, heitere Lieder singen, Geschichten erzählen (vielleicht wie früher der Kommuniontag gefeiert wurde), einen Spaziergang machen . . .

Diese schöne und sorgfältige Gestaltung des bedeutsamen Feiertags sollte den Eltern ihr Kind wert sein. Alle erfahren sich dabei als eine große Gemeinschaft. Und nicht nur die Kinder werden glücklich sein, sondern auch die Erwachsenen. Sie erleben auf diese Weise, daß auch sie beschenkt werden – beschenkt vom Glauben und von der Freude eines Kindes.

k l m
ä ö
A B C D

16 Religion im Klassenzimmer

Die echte Anteilnahme der Eltern am schulischen Religionsunterricht tut not

Wie ist Gott? „Keine Ahnung!" – Welche Bilder gebrauchen wir von Gott? „Keine Ahnung!" – Wie reden deine Eltern von Gott? „Keine Ahnung!" Dies waren die Antworten eines elfjährigen Schülers in einer großstädtischen Hauptschule, als an ihn – im Rahmen einer Untersuchung – die genannten Fragen gestellt wurden. Wir wissen heute, daß dieser Junge keine Ausnahme ist im Kreis derer, die das Fach Religionslehre (in Bremen: Religionskunde) auf ihrem wöchentlichen Stundenplan stehen haben.

Das Wissen vieler Kinder über religiöse Fragen ist heute ausgesprochen dürftig. Diese Erfahrung machte auch ein katholischer Religionslehrer, der ein 5. Schuljahr am Gymnasium unterrichtete. Er bat seine 31 Schüler, auf einem Blatt – ohne Namensangabe – ein paar Aufgaben zu lösen bzw. Fragen zu beantworten. Die Ergebnisse sahen so aus:

1. Schreibe das „Vaterunser" auf! – 18 Kinder kannten das Gebet nicht, zehn wußten nur ein oder zwei Bitten.
2. Schreibe das „Gegrüßet seist du, Maria" auf! – 27 Kinder konnten es nicht, drei schrieben einige Zeilen, und einer äußerte sich: „Noch nie gehört".
3. Schreibe ein Tischgebet auf: a) vor dem Essen, b) nach dem Essen! – Neun Kinder kannten ein Dankgebet. Vier wußten um ein Tischgebet, sprachen es aber in der Familie fast nie. Einer schrieb: „Wir beten nicht."
4. Was sprechen wir beim Kreuzzeichen? – Fünf Kinder wußten es nicht.
5. Antworte mit ja oder nein: Kennst du ein Morgen- oder Abendgebet? – Elf Kinder schrieben ja.

   Eine Frage, die mit dem Verständnis der Meßfeier zu tun hatte, beantworteten die Kinder sehr ausweichend.

Nach übereinstimmender Aussage von Priestern, Religionslehrern und Katecheten bringen heute viele Kinder und Heranwachsende vom Elternhaus her kaum noch ein festes religiöses Fundament mit, weil in ihrer Familie wenig oder überhaupt nicht mehr von Gott gesprochen wird. Ein christliches Vorleben fehlt in diesen Familien fast ganz. Die Statistik besagt, daß heute 74 Prozent der getauften Kinder und Jugendlichen außerhalb des kirchlichen Lebens erzogen werden.
Das muß selbstverständlich für den Religionsunterricht erhebliche Konsequenzen und Auswirkungen haben: Zahlreiche Pädagogen bezeichnen darum wiederholt und nicht ohne Grund das Fach Religionslehre als das gegenwärtig schwierigste schulische Lehrfach; sie weisen darauf hin, wie schwer es heute ist, im Religionsunterricht den Glauben der Schüler zur Entfaltung zu bringen bzw. ihn zu festigen.
Andererseits beobachtet man, daß viele Eltern eine religiöse Unterweisung ihrer Kinder in der Schule wünschen und auch für wichtig erachten. Auch solche Eltern, die in den Randbezirken des kirchlichen Lebens stehen und wegen ihrer Unkenntnis kaum in der Lage sind, religiöse Gespräche in ihrer Familie zu führen, wollen nicht selten einen guten Religionsunterricht in der Schule. Mehr noch: Viele Firmen und Betriebe ziehen heute sogar bei der Einstellung eines Lehrlings die Religionsnote als einen Hinweis auf die Eignung und Moral des betreffenden Bewerbers heran.

Ziel: den Glauben der Kirche einsichtig machen

Ziel des Religionsunterrichtes ist es, den Glauben der Kirche den Kindern ihrem Alter entsprechend – aber unverkürzt und unverfälscht – darzubieten. Die Kinder sollen im Religionsunterricht den christlichen Glauben kennenlernen. Es soll ihnen deutlich werden, was dieser Glaube für unser heutiges Leben bedeutet, wo er es bereichert und vertieft, aber auch, wo er Fragezeichen anbringt oder neue Wege aufzeigt.
In einer Erklärung der Deutschen Bischofskonferenz zum Religionsunterricht aus dem Jahre 1972 – sie gilt heute noch in gleicher Weise – heißt es: „Der katholische Religionsunterricht macht den Schülern deutlich, daß man die Welt im Glauben sehen und von daher seine Verantwortung in ihr begründen kann. Dem gläubigen Schüler hilft er, sich bewußter für diesen Glauben zu entscheiden und damit auch der Gefahr religiöser Unreife oder Gleichgültigkeit zu entgehen. Dem suchenden oder im Glauben angefochtenen Schüler bietet er die Möglichkeit, die Antworten der Kirche auf seine Fragen kennenzulernen und sich mit ihnen auseinanderzusetzen.“
Mit anderen Worten: Der schulische Religionsunterricht hat die Aufgabe, die

heranwachsenden Jungen und Mädchen an religiöse Fragen heranzuführen und ihnen den christlichen Glauben nahezubringen. Sein Anliegen ist es, den Blick der Kinder auf Gott hinzulenken und ihnen zu zeigen, wie das tägliche Leben, so wie es jeder einzelne erfährt, erlebt und erleidet, unauflöslich mit Gott verbunden ist.
In diesem Sinne hat auch Kardinal Joseph Ratzinger – früher Erzbischof von München und Freising, heute Präfekt der römischen Glaubenskongregation – in einem Brief an die Eltern der bayerischen Grund- und Hauptschüler das Hauptziel des heutigen Religionsunterrichts beschrieben: „Das Anliegen des Religionsunterrichts ist heute wie eh und je: mit dem Glauben vertraut machen . . . Der Religionsunterricht will den Glauben allen Schülern möglich und einsichtig machen. Selbst für Schüler mit großen Vorbehalten und Glaubenszweifeln soll er sich lohnen: Sie lernen ihre Entscheidung mit Sachkenntnis treffen und begründen und andere Entscheidungen respektieren."

Als weitere Ziele, die für den Religionsunterricht von großer Wichtigkeit sind, nennt der Kardinal:

1. Der Religionsunterricht will den jungen Menschen Halt und Sinn für ihr Leben geben. „Religion befaßt sich mit dem, was dem Menschen Halt und Sinn für sein Leben gibt. Das ist zu allen Zeiten so gewesen. Der katholische Religionsunterricht zeigt Wege und Hilfen dazu auf. Er will dem jungen Menschen eine geistige Grundrichtung und eine ganzheitliche Lebenshaltung mitgeben. Deshalb geht es ihm nicht nur um Wissensvermittlung, sondern auch um Gemüts- und Herzensbildung."

2. Der Religionsunterricht will den Kindern zeigen, aus welcher Wurzel unsere Kultur kommt. „Wir können unsere heutige Welt nicht begreifen, wenn uns nicht klar ist, welche Kräfte sie geformt haben; wenn wir nicht wissen, woraus wir alle heute noch leben. Von der Zeitrechnung über Bauwerke und Schöpfungen der Musik bis hin zu den Wegkreuzen, zum Brauchtum und zu den großen Festen, die unseren Lebensweg begleiten: das Christentum gehört zu den prägenden geistigen Kräften gestern und heute."

3. Der Religionsunterricht will den Kindern helfen, die Welt als Ganzes zu begreifen. „In der Schule gewinnt das Kind viele Einzelerkenntnisse. Oft genug bleiben sie aber unverbunden nebeneinander stehen. Der Religionsunterricht zeigt dem Kind den Weg, die Welt als Ganzes zu verstehen . . . Niemand kann auf die Dauer ohne ein ganzheitliches Bild von Welt und Mensch leben. Wo das nicht der Fall ist, bleibt der Mensch orientierungslos und ist wie ein Schiff ohne Steuer und Kompaß. Er kann leicht manipuliert werden und ist anfällig für Drogen und Jugendsekten."

4. Der Religionsunterricht will den Kindern zeigen, was es mit der Kirche auf sich hat. „Keiner kann für sich allein glauben oder aus sich selbst den Glauben finden. Die Kirche stellt den Raum dar, in dem der Glaube wachsen kann und gemeinsame Glaubenserfahrungen möglich sind. Sie gibt allen eine Heimat, die der christlichen Botschaft folgen wollen."
So viel über die Ziele, die der katholische Religionsunterricht heute verfolgt. Es kann dabei verständlicherweise niemals darum gehen, die Kinder zu „Minitheologen" auszubilden. Der Religionsunterricht hat vielmehr sein Augenmerk immer darauf zu richten, daß den Kindern die Botschaft Christi und die Lehre der Kirche so offengelegt wird, daß diese sie „verstehen" und – in aller Freiheit – annehmen können.

Große Verständnislosigkeit bei manchen Erwachsenen

Im Religionsunterricht will die Kirche nichts anderes als „dem Menschen mit dem zu dienen, was sie ist und was sie hat" (Synodenbeschluß zum Religionsunterricht, 2.6.1). Diese Aufgabe aber kann der Religionsunterricht nur dann zufriedenstellend erfüllen, wenn er in seinen Bemühungen vom Elternhaus begleitet und unterstützt wird. Leider ist dies heute – wie bereits oben angedeutet wurde – in nur wenigen Familien der Fall. Hier der Erlebnisbericht eines Religionslehrers:
In einer vierten Klasse wurde im Religionsunterricht vom Empfangen und Danken gesprochen. Anhand von Beispielen aus der Erfahrungswelt der Kinder erläuterte der Lehrer diese wesentlichen menschlichen Grundhaltungen. Er machte den Kindern deutlich: „Wir sind eigentlich alle Empfangende und Beschenkte. Unsere schöne Welt ist das Geschenk eines guten Gottes, und darum sollte unsere Antwort darauf ein Loben und ein Danken sein."
Dieser Dank wurde dann von Kindern und Lehrern gemeinsam in einer kleinen Klassenfeier zum Ausdruck gebracht. Am Schluß der Feier regte der Religionslehrer an, auch zu Hause über das Empfangen und Danken zu sprechen, es zu üben und bei Tisch ein gemeinsames Dankgebet zu sprechen.
Als mögliche Dankgebete für zu Hause schlug der Lehrer den Kindern folgende Gebete vor: „O Gott, von dem wir alles haben, / wir danken dir für diese Gaben. / Du speisest uns, weil du uns liebst. / O segne auch, was du uns gibst. Amen." – „Wir danken dir, allmächtiger Gott, für alle deine Wohltaten, der du lebst und herrschest in Ewigkeit. Amen." – „Wir wollen danken für unser Brot. / Wir wollen helfen in aller Not. / Wir wollen schaffen; die Kraft gibst du. / Wir wollen lieben; Herr, hilf dazu. Amen." – „Im täglichen Mahl, o Herr, erkennen wir deine Güte. Wir danken dir und loben dich in Ewigkeit. Amen."
Was der Lehrer in der nächsten Religionsstunde zu hören bekam, war bitter

und enttäuschend: Von fünfunddreißig Schülern hatten nur vier die Anregung aufgenommen und ausgeführt. Die übrigen hatten es entweder vergessen oder sich nicht getraut (warum wohl nicht?), darüber zu Hause zu reden. Manche Kinder, die die Anregung an ihre Eltern weitergaben, stießen bei diesen auf große Verständnislosigkeit. Ein Vater drückte seinen Unmut über den Vorschlag des Religionslehrers so aus: „Was soll dieser Blödsinn? Was wir haben, ist der Verdienst meiner Arbeit und sonst gar nichts."

„Meine Eltern tun's ja auch nicht!"

Das Beispiel verdeutlicht die Problematik, die für Kinder entsteht, wenn ihre Eltern am Religionsunterricht keinen Anteil nehmen oder das Fach Religionslehre – aus Gleichgültigkeit, Unwissenheit, Ablehnung oder Zweifel – gar als Randfach oder als „unnötigen und überflüssigen Ballast" einstufen.
Wenn Jungen und Mädchen das, was sie im Religionsunterricht hören, zu Hause anders erleben (weil ihre Eltern der Kirche und dem Glauben gegenüber Vorbehalte haben bzw. ablehnend eingestellt sind), dann geraten sie in eine für sie kaum lösbare Widersprüchlichkeit, die sich auf ihre religiöse Entwicklung notgedrungen negativ auswirken muß. Was soll eigentlich ein Religionslehrer antworten, wenn ihm ein Kind sagt: „Meine Eltern tun's ja auch nicht"?
Die Anteilnahme der Eltern ist für die Kinder immer ein Gradmesser dafür, wieviel eine Sache wert ist. Das gilt für alle Lebensbereiche, ganz besonders aber für den Bereich des Glaubens, wie wir aus der alltäglichen Erfahrung wissen. Darum ist das Mitvollziehen des im Religionsunterricht Gelernten und Erfahrenen im Elternhaus für die religiöse Entwicklung der Kinder unbedingt erforderlich und notwendig. Das „Mitmachen" der Eltern ist viel wichtiger als der beste Lehrplan.
Christsein ist ja nicht etwas, was an der Kirchen- oder Klassentüre endet. Christsein ist Leben und verlangt nach dem Vollzug im alltäglichen Leben. Die Familie ist für die Kinder der wichtigste Raum, in dem sie ihr Christsein üben und – angesichts und mit Hilfe des persönlichen Vorlebens ihrer Eltern – ihre Erfahrungen mit dem Christsein machen können. Kinder und Heranwachsende brauchen diesen Übungsraum ganz dringend.

Kontakt mit den Religionslehrern ganz wichtig

Jungen und Mädchen werden in dem Maße glaubende Menschen, in dem sie den Reichtum des Glaubens an ihren Eltern und Lehrern erfahren und an deren Glaubensleben teilnehmen können. Ein Pfarrer hat dies einmal so ausge-

drückt: „Das eigene Vorleben gilt als wesentlicher Faktor für das Gelingen und die Glaubhaftigkeit der Erziehenden und die Annahme der Schüler zur Prägung einer christlichen Persönlichkeit." Darum kann die religiöse Erziehung dort am leichtesten und besten Früchte tragen, wo Eltern und Religionslehrer eng und vertrauensvoll zusammenarbeiten.
Vielleicht spüren die meisten Eltern das ohnehin, nur fühlen sie sich etwas unsicher, weil sie selbst voller Fragen sind oder weil – wie sie sagen – heute „so vieles anders" gemacht wird. Diesen Müttern und Vätern kann man nur sagen, daß sie keine Angst zu haben brauchen; von ihnen wird wahrhaftig nichts Unmögliches verlangt.
Entscheidend ist doch nur, daß sie mit dem Religionslehrer ihrer Jungen und Mädchen im Kontakt stehen, daß sie sich für das interessieren, was im Religionsunterricht gelehrt und gelernt wird, daß sie zu Hause bei ihren alltäglichen Gesprächen religiöse Fragen nicht ausklammern, sondern ihren Kindern zeigen, wieviel ihnen persönlich ihr christlicher Glaube bedeutet.
Väter und Mütter, die sich nicht mehr ganz sicher fühlen, sollten einmal das Religionsbuch und Religionsheft ihrer Kinder zur Hand nehmen und sich ein wenig darin vertiefen. Sie erfahren auf diese Weise, was ihre Jungen und Mädchen im Religionsunterricht lernen und wie sie darin unterrichtet werden. Besonders die Bücher der ersten Schuljahrgänge enthalten viele Hinweise für die Eltern und rechnen mit deren Mitarbeit und Unterstützung.
Eltern, die auf diese Weise Interesse zeigen, sind ihren Kindern behilflich, damit diese Religion und Glauben eines Tages nicht als unnütz oder als überflüssig ansehen. Sie begleiten und unterstützen ihre Kinder auch in ihren religiösen Fragen. „Ich kann mir nicht vorstellen, daß meine Tochter nicht eines Tages verwirrt auf ihre Schuhe blickt und sich dann fragt: Hier stehe ich nun, wer bin ich und wohin gehe ich? Und dann würde ich mich schuldig fühlen, wenn ich ihr überhaupt nichts als Antwort mitgegeben hätte" (G. Bomans).

Wo Eltern und Lehrer partnerschaftlich zusammenarbeiten

Ein bekannter Religionspädagoge hat einmal gesagt: „Wer je einmal Christus existentiell begegnet ist, kann nie mehr ganz von ihm loskommen." Eltern und Religionslehrer sollten sich in enger Zusammenarbeit darum bemühen, die ihnen anvertrauten Kinder für diese Begegnung aufzuschließen. Der Religionsunterricht in der Schule durch Lehrer, die voll auf dem Boden der Kirche stehen, sowie das Verständnis, das Interesse und die Mitarbeit der Eltern können dazu ein echter Beitrag sein.
Nur das gemeinsame Bemühen von Eltern und Lehrern und deren gemeinsa-

mes Unterwegssein zu Christus können zu einer echten Bereicherung des kindlichen Lebens werden. Nur da, wo beide Seiten – Schule und Elternhaus – partnerschaftlich zusammenarbeiten, wird es den Kindern ermöglicht, christlichen Glauben je auf ihrer Entwicklungsstufe – das heißt ihrem Alter und ihrer Reife gemäß – einzuüben und zu verwirklichen.
Natürlich wird die persönliche Nähe, die im Rahmen einer Familie möglich ist, in ihrer Weise immer einen Vorsprung vor dem Religionsunterricht haben. Auf der anderen Seite aber hat auch die Schulkatechese sehr oft einen Vorsprung vor der elterlichen Unterweisung. Deshalb ist es ganz wichtig, daß sich beide begegnen und für das Kind zur Einheit werden.
Wo Elternhaus und Schule nicht in die gleiche Richtung gehen, können Jungen und Mädchen das Befreiende und Beglückende, das durch die Begegnung mit Christus in das Leben eines Menschen kommt, nicht erfahren und erleben.

17 Niemand darf resignieren!

Religionslehrer sollten den Kontakt zu den Familien und Pfarrgemeinden suchen

Das vorige Kapitel hat gezeigt, wie wichtig es ist, daß Eltern den Unterricht des Religionslehrers in der Schule nach Kräften begleiten und unterstützen. Es gibt keinen Zweifel daran, daß die Anforderungen, die der Religionsunterricht heute an den Lehrer stellt, vielfach anders und in vielen Fällen auch schwieriger sind als zu früheren Zeiten. Der Lehrer braucht deswegen die Mithilfe der Eltern.

Auch der qualifizierteste Religionslehrer und der beste Religionsunterricht bedürfen der wirksamen Unterstützung durch die Familien. Wie diese Unterstützung im einzelnen aussehen kann, wurde bereits gesagt. In Ergänzung dazu soll hier noch auf ein Faltblatt der Katholischen Elternschaft Deutschlands (KED) hingewiesen werden. Es trägt den Titel „Religionsunterricht – Sorge um die christliche Erziehung" und beschreibt die Rolle der Eltern folgendermaßen:

„Eine glaubwürdige religiöse Erziehung unserer Kinder erfordert,

- daß die Eltern sich ihrer ersten Verantwortung für die religiöse Erziehung ihrer Kinder bewußt sind und sie nicht ausschließlich dem schulischen Religionsunterricht oder außerschulischer Katechese aufladen dürfen;
- daß die Eltern dem Religionsunterricht, den Religionsbüchern, Arbeitsheften und auch den Schulgottesdiensten ständiges Interesse entgegenbringen und sich selbst mit theologischen und religionspädagogischen Fragen auseinandersetzen;
- daß die Eltern das persönliche Gespräch mit dem Religionslehrer suchen und auch in Elternversammlungen das Thema Religionsunterricht zur Sprache bringen;

- daß die Eltern Beanstandungen und Klagen grundsätzlich zuerst mit dem Religionslehrer besprechen, mit ihm zu klären versuchen und sich so um eine vertrauensvolle Zusammenarbeit bemühen."

Auch der Mensch der Gegenwart ist glaubensfähig

Wir wollen in diesem abschließenden Kapitel noch einen besonderen Blick auf die Religionslehrer werfen, deren Arbeit in der Schule – wie oben gesagt wurde – heute schwieriger geworden ist. (Manches läßt sich auch in gleicher oder ähnlicher Weise von der Arbeit der Erzieher zum Beispiel in Kindergärten sagen.)

Alle Lehrerinnen und Lehrer, die Religionsunterricht erteilen, stehen vor der bedrückenden Frage: Haben unsere Schüler heute überhaupt noch eine „Antenne" für Glauben und Kirche? Erliegen die Kinder nicht in erschreckendem Maße den säkularistischen Einflüssen – ganz abgesehen davon, daß bei einer großen Zahl von ihnen das Religiöse kaum grundgelegt wurde?

Viele Religionslehrer stehen gegenwärtig unter entsprechenden Eindrücken. Sie leiden unter der aus solchen Eindrücken resultierenden Erfolglosigkeit und unter der vermeintlichen Zwecklosigkeit ihres Tuns. Sie haben geradezu das Gefühl, auf Sand zu bauen, da zahlreiche Schüler gar nicht oder nur wenig ansprechbar sind.

Solche frustrierenden Erfahrungen führen allzu leicht zu prinzipieller Verunsicherung und Ratlosigkeit. Verunsicherung und Ratlosigkeit aber sind kein geeigneter Boden für eine gute Arbeit in der Schule. Und deshalb sollte sich kein Religionslehrer von einer vordergründigen Erfolglosigkeit niederdrücken oder sogar entmutigen lassen.

Alle, die im Dienst der Verkündigung stehen, machen heute nicht immer die besten Erfahrungen. Trotzdem darf niemand resignieren. Alle sollten die feste Zuversicht bewahren, daß auch der Mensch der Gegenwart glaubensfähig ist. Und das gilt in ganz besonderer Weise für unsere Kinder und Jugendlichen.

Kinder durch Wort und Haltung erziehen

Vieles von dem, was heute die Religionslehrer im Unterricht vermitteln, wird vielleicht erst in Jahren fruchtbar werden. Oder anders ausgedrückt: Viel ausgestreuter Same wird erst langsam keimen und im Laufe der Jahre wachsen. Und deshalb ist von jedem Religionslehrer Geduld und nochmals Geduld gefordert.

Die Geduld ist ein biblisches Prinzip. Jeder Religionspädagoge möge sie immer wieder üben. Auch unter den belastenden Schwierigkeiten des täglichen Ein-

satzes sollte jeder hoffnungsvoll und unverdrossen zu dem Auftrag stehen, den die Kirche ihm anvertraut hat. „Daher erlahmt unser Eifer nicht in dem Dienst, der uns durch Gottes Erbarmen übertragen wurde“, schreibt der Apostel Paulus (2 Kor 4,1).
Die erzieherische Aufgabe des Religionsunterrichtes sollte für jeden Lehrenden eine Herausforderung sein. Durch sein Wort und besonders durch seine eigene Haltung darf der Religionslehrer dem Schüler eine Vorstellung von der Einmaligkeit und Größe der christlichen Botschaft vermitteln. Er darf dem Kind zeigen, wie es sein eigenes Leben im christlichen Geist gestalten und bewältigen kann.
Mit anderen Worten: Durch seine Person und sein Wort soll und darf der Religionslehrer dazu beitragen, daß der Schüler über den christlichen Glauben zur Erkenntnis seines wahren Menschseins, seiner eigentlichen Freiheit und seines Lebenszieles gelangen kann. „Der Schüler soll“, so sagt der hl. Augustinus, „durch das Wort des Lehrers angeregt, das Licht der Wahrheit in seiner eigenen Seele entdecken.“

Der Berufung mit Freude gerecht werden

Der Religionslehrer darf durch seinen Dienst vom „göttlichen Licht“, von der Botschaft Jesu Christi weitergeben. Angesichts dieser Aufgabe sollte jeder seine Berufung hochschätzen und ihr mit Freude gerecht zu werden versuchen. Niemand möge sein Herz von der Sorge verdunkeln lassen, doch nichts ausrichten zu können.
Daß bei dieser Aufgabe des Religionslehrers die Zusammenarbeit mit dem Elternhaus (und der Pfarrgemeinde) immer wieder gesucht werden muß, kann nicht eindringlich genug betont werden. Deswegen sollte der Religionslehrer nie nachlassen, das Gespräch mit den Eltern zu suchen und sie – sei es in Form von Einzelgesprächen oder im Rahmen von Elternversammlungen – über Ziele, Aufgaben und Inhalte des Religionsunterrichtes zu informieren.
Bischof Dr. Georg Moser hat im Jahre 1980 in einem Brief an die Religionslehrerinnen und Religionslehrer der Diözese Rottenburg-Stuttgart noch weitere Wünsche an die Lehrpersonen ausgesprochen: „Lieben Sie die jungen Menschen, für die Sie dasein und mit denen Sie zusammenarbeiten dürfen! Und vor allem beten Sie für die, die Ihnen anvertraut sind!“
Was den letzten Punkt angeht, so hat auch der große schwäbische Theologe und Religionspädagoge Johann Baptist Hirscher immer wieder auf die Wichtigkeit des Gebetes seitens des Lehrers hingewiesen: „Der Lehrer kann nie genug um die Gaben des Heiligen Geistes für sich und seine Schüler bitten. Denn Gottes Geist bewegt, erhellt und erneuert die Herzen.“

In Übereinstimmung mit der Lehre der Kirche

Abschließend soll noch einmal auf das Faltblatt der KED hingewiesen werden. Parallel zu den Aufgaben der Eltern hinsichtlich der religiösen Erziehung der Kinder werden die Aufgaben der Religionslehrer wie folgt beschrieben:

„Eine glaubwürdige religiöse Erziehung unserer Kinder erfordert,

- daß die Religionslehrer durch eigenes Bekenntnis und eigene Lebensführung ihren Glauben glaubwürdig vertreten und so auch den Zusammenhang zwischen Religionsunterricht und kirchlichem Gemeindeleben sichtbar machen;
- daß die Religionslehrer auf theologisch kontroverse Fragen in der Schule verantwortungsvoll eingehen, sie aber nicht verfrüht oder in der Weise von Universitätsseminaren behandeln und so die Schüler überfordern;
- daß die Religionslehrer, auch bei kritischer Auseinandersetzung, einer ausgewogenen und aufbauenden Darstellung den Vorrang geben und ihren Unterricht in Übereinstimmung mit der Lehre der Kirche erteilen;
- daß die Religionslehrer Kontakt zu den Familien und Pfarrgemeinden suchen und als Fachlehrer in den Elternversammlungen Informationen anbieten über Unterrichtsinhalte, Arbeitsbücher u. a.“

Weiterführende Literatur

Abeln, Reinhard: Auf dem Weg zu Gott. Religiöse Erziehung als Aufgabe der Familie. Süddeutsche Verlagsgesellschaft, Ulm 1980.

Ders.: Behindert. Wie wir Sorgenkindern und ihren Eltern helfen können. Johannes-Verlag, Leutesdorf/Rhein 1980.

Ders.: Beten mit Kindern. Anregungen für Eltern und Erzieher. Süddeutsche Verlagsgesellschaft, Ulm 1978.

Ders.: Frohe Feste – liebe Gäste. Anregungen für kleine und große Familienfeste. Herderbücherei Bd. 921. Verlag Herder, Freiburg i. Br. 1982.

Ders.: Kinder zum Glauben führen. Reden über Gott – reden mit Gott. Verlag Ludwig Auer, Donauwörth 1981.

Ders.: Mit Gott ins Leben. Handreichungen zur religiösen Erziehung. Schwabenverlag, Ostfildern 1, 1977.

Ders.: Mit Kindern Feste feiern. Anregungen für Eltern und Erzieher. Süddeutsche Verlagsgesellschaft, Ulm 1979.

Ders.: Religiöse Erziehung – heute. Was von Eltern und Erziehern gefordert ist. Johannes-Verlag, Leutesdorf/Rhein, 2. Aufl. 1979.

Ders.: Unser Kind lügt. Was Eltern und Erzieher dagegen tun können. Johannes-Verlag, Leutesdorf/Rhein 1977.

Aspekte christlicher Erziehung in der Schule. Hrsg. v. Hermann Maier im Auftrag der Landeskonferenz für Schule und Erziehung. Verlag Friedrich Pustet, Regensburg 1978.

Becker, Antoinette: Ich will etwas vom Tod wissen. Geschichten vom Tod und vom Leben. Fotogr. v. Elisabeth Niggemeyer. Otto Maier Verlag, Ravensburg 1979.

Behr, Inge: Mit Staunen fängt es an. Ein Werkbuch für religiöse Erziehung von 5 bis 8 Jahren. Verlag Vandenhoeck & Ruprecht, Göttingen/Benziger Verlag, Köln und Zürich 1977.

du und wir. Elternbriefe. Hrsg. v. Kath. Zentralinstitut für Ehe- und Familienfragen (Köln). Einhard-Verlag, Aachen o. J.

Fährmann, Elisabeth und Willi: Kinderfeste im Kirchenjahr. Echter Verlag, Würzburg 1973.

Familiaris Consortio. Apostolisches Schreiben von Papst Johannes Paul II. über die Aufgaben der christlichen Familie in der Welt von heute. Verlautbarungen des Apostolischen Stuhls 33, Bonn 1981.

glauben – leben – handeln. Arbeitsbuch zur Glaubensunterweisung. Hrsg. v. den deutschen Bischöfen. Verlag Herder, Freiburg i. Br. 1969.

Groß, Engelbert: Wenn Kinder nach dem Glauben fragen. Glaubenskrise – Glaubensklärung. Verlag Butzon & Bercker, Kevelaer 1977.

Gruber, Elmar: Kinder fragen nach Gott. Don Bosco Verlag, München 1979.

Guter Gott, ich danke dir! Ein Bildergebetbuch für Kinder von Reinhard Abeln. Zeichnungen: Christa Abeln. Verlag Ludwig Auer, Donauwörth 1980.

Hartlmaier, Josef: Dein Kind sucht Gott. Reihe: Elternsprechstunde H. 4. Verlag Psychologische Sprechstunde, München o. J.

Helft den Menschen glauben. Bd. 3: Glaubenszeugnis in der Familie. Hrsg. v. d. Kath. Glaubens-Information, Frankfurt. Verlag Josef Knecht, Frankfurt/M. 1981.

Hofmeier, Johann: Religiöse Erziehung in Kindergarten und Familie. Teil 1–4. Verlag Ludwig Auer, Donauwörth 1978 ff.

Jorissen, Ingrid/Meyer, Hans Bernhard SJ: Kindergebet. Ein Werkbuch für Eltern und Erzieher. Tyrolia-Verlag, Innsbruck-Wien-München 1973.

Leist, Marielene: Erste Erfahrungen mit Gott. Die religiöse Erziehung des Klein- und Vorschulkindes. Herderbücherei Bd. 409. Verlag Herder, Freiburg i. Br. 1971.

Leist, Marielene: Kein Glaube ohne Erfahrung. Notizen zur religiösen Erziehung des Kindes. Verlag Butzon & Bercker, Kevelaer 1972.

Leist, Marielene: Leid und Trost. Dem anderen zur Seite stehen bei Krankheit, Behinderung und Tod. Herderbücherei Bd. 809. Verlag Herder, Freiburg i. Br. 1980.

Lehmann, Johannes: Religion ungenügend. Eine feste Burg mit Rissen. Otto Maier Verlag, Ravensburg 1974.

Meyer, Hans Bernhard SJ: Zeitprobleme christlich gesehen. Bd. 1–5. Schwabenverlag, Stuttgart 1969 ff.

Mieth, Irene: Katechese in der Küche. Kinderfragen verlangen Antwort. Mit einem Nachwort von J. B. Brantschen. Matthias-Grünewald-Verlag, Mainz 1979.

Mit Kindern glauben lernen. Ein Elternseminar über die religiöse Erziehung im Vorschulalter. Hrsg. v. Hans Jellouschek und Wolfgang Wessinger. Verlag Katholisches Bibelwerk, Stuttgart 1974.

Mit Kindern Versöhnung feiern. Religionspädagogische und liturgische Anregungen. Hrsg. v. Ralph Sauer. Verlag J. Pfeiffer, München 1978.

Moos, Beatrix/Köninger, Ilsetraud: Gewissen – Anruf und Antwort haben viele Gesichter. Kinder lernen Verantwortung. Rex-Verlag, München/Luzern 1977.

Müller–Felsenburg, Alfred: Ich will nicht zum lieben Gott. Probleme der religiösen Erziehung im Elternhaus. Verlag Friedrich Pustet, Regensburg 1982.

Nemetschek, Monika: Gott im Leben des Kindes. Tyrolia-Verlag, Innsbruck-Wien-München 1974.

Ortner, Reinhold: Erziehung aus christlicher Verantwortung. Thematische Akzente als Denkanstöße. Christiana-Verlag, Stein am Rhein/Schweiz 1980.

Rudolph, Marguerita: Wie ist das, wenn man tot ist? Mit Kindern über das Sterben reden. Aus d. Amerik. übers. u. bearb. v. Edith Harries. Otto Maier Verlag, Ravensburg 1979.

Schnee, C. G.: Wie hältst du's mit der Religion? Anregungen für eine zeitnahe Glaubenserziehung in der Familie. Verlag Ludwig Auer, Donauwörth 1972.

Schulz, Ehrenfried: Bausteine für eine religiöse Elementarerziehung. Don Bosco Verlag, München 1980.

Tschirch, Reinmar: Gott für Kinder. Religiöse Erziehung, Vorschläge und Beispiele. Gütersloher Verlagshaus Gerd Mohn 1974.

Wie heute beten. Ein Arbeitsbuch für die Erwachsenenbildung. Hrsg. v. Georg Sporschill. Verlag Katholisches Bibelwerk, Stuttgart 1973.

Wolf, Ingrid und Martin: Kinder spielen vor Gott. Neue Wege im Religionsunterricht und Kindergottesdienst. Don Bosco Verlag, München 1980.